Die

Oesterreichisch-Ungarische Zolltarifrevision.

Die

Oesterreichisch-Ungarische

Zolltarifrevision

mit besonderer Rücksicht

auf die Beziehungen zu Deutschland.

Von

Paul Dehn.

―――――

Separatabdruck aus dem Jahrbuche für Gesetzgebung ꝛc. herausgegeben von G. Schmoller,
6. Jahrgang 4. Heft.

Leipzig,

Verlag von Duncker & Humblot.

1882.

I. Zur Vorgeschichte.

Eng verbunden mit der deutschen war die österreichische Handelspolitik, seitdem im Frankfurter Bundestag der Gedanke von der Nothwendigkeit und Wichtigkeit einer wirthschaftlichen Gemeinsamkeit des Reiches und seines Volkes erkannt worden war. Lange währte der politische Kampf auf wirthschaftlichem Gebiet zwischen Oesterreich und Preußen, bis er durch den bedeutsamen Meistbegünstigungsvertrag der deutschen Zollvereins-Staaten mit Frankreich vom Jahre 1862 zu Gunsten Preußens endgültig entschieden wurde. In der Rivalität mit Preußen um die politische Hegemonie in Deutschland war der österreichisch-ungarische Kaiserstaat seit Erlaß seines Zolltarifes vom 6. November 1851, seit Abschluß der Handelsverträge mit dem deutschen Zollverein vom 19. Febr. 1853 und 11. April 1865 2c. den Bahnen einer freihändlerischen Handelsvertragspolitik gefolgt und verließ sie auch dann noch nicht, als durch die Ereignisse des Jahres 1866 die politischen Beweggründe für seine Wirthschaftspolitik hinfällig geworden waren. Noch im Jahre 1869 manifestirte die Regierung Oesterreich-Ungarns durch eine Vereinbarung mit England ihr Festhalten an freihändlerischen Grundsätzen. Einige ereignißreiche Jahre folgten, eine Zeit handelspolitischen Stillstandes und wirthschaftlichen Aufschwunges mit der erderschütternden Krisis von 1873 im Gefolge, und inmitten des gewerblichen und geschäftlichen Rückganges, wie Angesichts der widerstrebenden wirthschaftlichen Interessen Oesterreichs und Ungarns und ihrer nothwendigen vertragsmäßigen Vereinbarung vollzog sich in dem industriellen Cisleithanien aus dem Volke bezw. aus dem Interessentenkreise heraus ein Umschwung der wirthschaftspolitischen Anschauungen, anfangs langsam, doch bald mit so rasch wachsender Macht, daß die Regierung mit der neuen Strömung rechnen mußte.

Zum Träger der neuen Bewegung erhob sich alsbald energisch und zielbewußt der Niederösterreichische Gewerbeverein in Wien, der älteste und größte seiner Art in der Monarchie. Anfang Oktober 1875 hatte er bereits einen neuen Zolltarif[1]) entworfen und mit einem Begleitschreiben an die Mitglieder der Volksvertretung versendet, worin er u. A. auf die Schutzzollpolitik Nordamerikas, Rußlands und Italiens, sowie auf die veränderte Richtung der Handelspolitik des industriell so hoch entwickelten Frankreich seit dem Kriege mit Deutschland verwies und erklärte: „Will daher Oesterreich nicht einem theoretischen Experiment zu Liebe seine Industrie auf das Spiel setzen, so muß es, dem Beispiel der vorgenannten Staaten folgend, eine rationelle, von berechtigtem Egoismus geleitete Zollpolitik verfolgen: Zollerhöhungen eintreten lassen, wo solche im Interesse der einheimischen Industrie zur Ausgleichung ungünstigerer Produktionsbedingungen erforderlich sind, und Zugeständnisse gegenüber dem Auslande nur gegen wirkliche, reelle Gegenkonzessionen und nur dort einräumen, wo dies ohne Benachtheiligung der inländischen Produktion geschehen kann."

Sehr energisch und zielbewußt war von Anfang an das Vorgehen des Gewerbevereins in der Zollfrage. Er verwies auf die Entwickelung des österreichischen Gewerbewesens, wie es erst in den dreißiger Jahren dieses Jahrhunderts einen größeren Umfang nahm und allmählich eine Groß- und Exportindustrie schuf, wie sich des Landes Produktions- und Konsumtionskraft seit Einführung der Gewerbefreiheit im Jahre 1860 fort und fort steigerte trotz harter Rückschläge durch Kriege und innere Verwickelungen, trotz Kapitalarmuth, hohen Zinsfußes, ungeübter Arbeiterkräfte, ungenügender Handelsorganisation, trotz des Zollsystems: „Bis 1852 ein Prohibitivsystem, das eigentlich im großen Ganzen nichts Anderes war als ein allgemeines Verbot, ausländische Waaren, namentlich solche, die im Inlande erzeugt werden konnten, nach Oesterreich einzuführen; dann plötzlich 1852 ganz unvermittelt der gerade Gegensatz: ein allzu mäßiges Schutzzollsystem". In

---

[1]) Entwurf eines allgemeinen österreichischen Zolltarifes, ausgearbeitet vom Niederösterreichischen Gewerbeverein. Wien 1875, Selbstverlag. Ein stattlicher Band.

einem Begleitschreiben an das Handelsministerium zu diesem Entwurf vom 18. Septbr. 1875 sagte der Gewerbeverein unverblümt: „Die Richtung, welche die Handelspolitik Oesterreichs in den letzten zwei Jahrzehnten eingeschlagen hat, war das Werk theils des absoluten, theils eines verfassungswidrigen Regimes. Ungeachtet des nun schon fünfzehnjährigen Bestandes konstitutioneller Einrichtungen in Oesterreich war der hohe Reichsrath noch nicht in der Lage, in prinzipieller Weise auf die Richtung der Handelspolitik Einfluß zu nehmen."

Die ersten Symptome einer aufstrebenden schutzzöllnerischen Bewegung in Oesterreich lassen sich bereits Ende 1874 nachweisen. Hier fühlte sich die Schaf- und Baumwollenwaarenindustrie schwer bedrängt durch die englische Nachtragskonvention von 1869 mit ihrer Begünstigung der englischen Konkurrenz, dort wurde nach Ausdehnung des Appreturverfahrens auf Elsaß-Lothringen die Ueberlegenheit der elsässischen über die österreichische Textilindustrie bitter empfunden, und immer drückender lastete auf Handel und Wandel die große wirthschaftliche Krisis von 1873 mit ihren Nachwirkungen. Angesichts der Erneuerung des Zoll- und Handelsbündnisses mit Ungarn gelangte man rasch in weiteren Kreisen zum Bewußtsein der Lage.

Zum ersten Male trat der Umschwung der öffentlichen Stimmung auf dem ersten Kongreß österreichischer Volkswirthe vom 5.—7. April 1875 zu Tage, wo schutzzöllnerische Anschauungen aus unmittelbarer Wirklichkeit heraus so nachdrücklich begründet werden konnten, daß der Kongreß mit etwa 140 gegen 24 Stimmen die freihändlerischen Resolutionen ablehnte und dagegen aussprach, es seien die bestehenden Zoll- und Handelsverträge nicht mehr zu erneuern, sondern, wo nöthig, zu kündigen und auf Grund sorgfältiger Ermittelung der Bedürfnisse des Reiches der künftige Tarif in autonomer Weise festzustellen, und zwar durch Schaffung eines etwa 10—20 % des Werthes der Waaren betragenden, nach dem Gewichtszollsystem umzurechnenden Ausgleichszolles, welcher die Mehrkosten der einheimischen Produktion, sofern sie aus allgemeinen, für den Einzelnen schwer oder gar nicht zu überwindenden Schwierigkeiten resultiren, zum Ausdruck bringen sollte. Der neue Tarif hätte dann im Verkehr mit jenen Staaten zu gelten, welche Oesterreich auf dem Fuße der meist begünstigten Nationen behandeln, während gegenüber jenen Staaten, welche dies verweigern wollten, der ältere „allgemeine Zolltarif" als Norm zu gelten haben sollte.

In seiner Begründung dieser Sätze erklärte es Dr. Alexander Peez, schon damals in den ersten Reihen der österreichischen Schutzzollpartei, für nothwendig, eine Revision der handelspolitischen Begriffe im Allgemeinen vorzunehmen, den Schlagworten über Schutzzoll und Freihandel eine andere Grundlage zu geben, Verkehrsfragen überhaupt nicht mehr blos als Naturgesetze, wie dies von der Manchesterschule geschehen, sondern als politische Fragen aufzufassen, die das Interesse des Einzelnen und des Staates umfassen; denn zuletzt resultire die industrielle Kraft doch aus der gesammten politischen, intellektuellen und militärischen Kraft eines Staates und Volkes, seien Handelsvertragsverhandlungen keine Verbrüderungsfeste, sondern nicht selten für das Glück und Gedeihen der Staaten eben so wichtig als kriegerische Entscheidungen. Peez verwies auf Englands und Frankreichs Industrie, welche einem Prohibitivsystem entwachsen seien. „Bei Völkern nun, die das Glück hatten, aus ihren eigenen Interessen heraus den Tarif zu regeln, wurde durch die Annahme eines Systems von Werthzöllen der Uebergang vom Prohibitivsystem zum mäßigen Schutzzollsystem vollzogen. Wir aber sind unvermittelt aus einem Aeußersten in das andere gesprungen; wir ließen uns zum Gewichtszollsystem des Zollvereins hinreißen und sind, indem wir stets hinter dem Zollverein herjagten, von Stufe zu Stufe, von Niederlage zu Niederlage mehr gestürzt als geleitet worden."

Wie erinnerlich, sprach sich wenige Monate später, freilich nur mit 62 gegen 58 Stimmen, auch der 16. Kongreß deutscher Volkswirthe zu München in seiner Sitzung vom 3. September 1875 bei der Berathung über die Fortentwickelung der internationalen Handelspolitik trotz lauten Widerspruchs der freihändlerischen Richtung zu Gunsten einer gemäßigten Schutzzollpolitik aus, indem er empfahl, von einer weiteren Ermäßigung der bestehenden Zölle bis auf Weiteres abzusehen.

Es könnte den Anschein gewinnen, als ob die Reaktion gegen die freihändlerische Politik der Regierung in Oesterreich etwas spät zu Tage getreten sei. Allein da darf nicht außer Acht gelassen werden, daß in Oesterreich lange Zeit hindurch das Agio, welches zwischen 10 und 40 Proz. schwankte und sich dauernd hoch erhielt, die Wirkung der freihändlerischen Tarifsätze mindestens erheblich abschwächte, indem es dem Import Schwierigkeiten bereitete und der einheimischen Industrie mehr Schutz gewährte, als selbst hohe Zölle es vermocht hätten. Dazu trat seit 1869 der allgemeine Aufschwung in Handel und Industrie. Erst als im Jahre 1873 das Agio die Minimalziffer von 3 bis 5 Proz. für Silber erreichte und fast gleichzeitig in Folge der Börsenkrisis die Abnahme der Konsumtionsfähigkeit zu spüren war, trat die schutzzöllnerische Strömung hervor und verwies zunächst auf die Thatsache, daß die Ausfuhr Oesterreich-Ungarns von 1861 bis 1872 nur von

277 auf 338, seine Einfuhr aber in derselben Zeit von 244 auf 641 Mill. Fl., letztere also ganz unverhältnißmäßig stark angewachsen war.

Unter außergewöhnlichen Schwierigkeiten wurde im Jahre 1877 die Erneuerung des österreichisch-ungarischen Zoll- und Handelsbündnisses auf zehn Jahre (bis 31. Dezember 1887) nebst einer partiellen Tarifrevision bewerkstelligt. Ungarn glaubte durch freihändlerische, Oesterreich durch schutzzöllnerische Bestrebungen und Forderungen die eigenen Sonderinteressen verfechten zu müssen und beide Reichshälften hatten dabei als die Schwächeren Rücksicht zu nehmen auf das politisch befreundete und wirthschaftlich nächststehende große Nachbarreich, mit welchem neue Vertragsverhandlungen schwebten. Ein höchst interessantes Kompromiß kam zu Stande: der revidirte Tarif vom 28. Juni 1878, an welchen vertragsfreundliche Bestrebungen der Zukunft vielfach anknüpfen könnten. Doch kaum in Kraft getreten, wurde er durch die deutsche Wirthschaftsreform in seinen Grundvesten erschüttert. Im Lichte dieser Reform pflegt man jetzt in Oesterreich die damaligen Vertragsverhandlungen mit Deutschland zu betrachten. Man nimmt in Oesterreich an, daß der deutsche Reichskanzler sich schon seit 1877 mit seinen wirthschaftspolitischen Reformplänen getragen habe. An der Haltung der deutschen Staatsmänner seien die Zollverhandlungen vom Herbst 1878 gescheitert, und zum Beweise dessen, daß man in Deutschland freie Hand behalten wolle, verweist man in Oesterreich auf eine in der Sitzung des deutschen Reichstages vom 20. Februar 1879 gemachte Aeußerung des deutschen Bundes-Bevollmächtigten, des Staatssekretärs v. Bülow, welche lautet: „Wir begegneten einem dankenswerthen Entgegenkommen der österreichisch-ungarischen Regierung in der Hauptsache; aber die Vorschläge, welche von dort gemacht wurden, erstreckten sich weiter, als wir glaubten, sie annehmen zu können. Sie gingen im Wesentlichen auf einen Vertrag, der, von längerer Dauer und weitergreifendem Inhalt, derjenigen Selbstbestimmung und Selbstständigkeit der Entscheidung präjudizirt haben würde, welche für Deutschland durch die Vorbereitung zu einer definitiven Gesetzgebung in Zoll- und Handelsfragen mehr wie je geboten wurde und sich entscheidend der Möglichkeit entgegenstellte, einen förmlichen Handelsvertrag abzuschließen." Und ausdrücklich habe der Staatssekretär hinzugefügt: „Diese Freiheit zu wahren, erschien der Reichsregierung noch wichtiger, als die von den österreichischen Zollerhöhungen besorgten Nachtheile abzuwenden."

Verlieh somit die deutsche Tarifreform von 1879 der österreichischen Schutzzollbewegung einen neuen Impuls, so hat sie dieselbe doch keineswegs hervorgerufen. Lange vor den deutschen hatten sich die österreichischen Schutzzöllner geregt, wenn die letzteren auch später zum Ziele gelangten. Hüben und drüben wogte der Kampf; doch er blieb ein interner. Hüben und drüben dachte man bei der Aufstellung des neuen autonomen Tarifs nur an sich, nicht auch an den Nachbar, weder freundlich, noch feindlich. In einer Schrift des „Industriellen Klubs" zu Wien über die Bindung des Zolltarifs (Wien 1881) wird ausdrücklich bemerkt, „daß nicht als „Revanche" gegen Oesterreich-Ungarn, sondern nach einem klar erkannten Plane die Zoll-Reform im Deutschen Reiche durchgeführt ward." Dem Beispiele Deutschlands zu folgen, wurde alsbald in Oesterreich-Ungarn allgemein als zwingende Nothwendigkeit erkannt und noch im Jahre 1879 begannen die Vorbesprechungen zwischen den Regierungen der beiden Reichshälften.

In die mannigfachen Einzelheiten der handelspolitischen Beziehungen zwischen Deutschland und Oesterreich führt unter Beigabe eines reichhaltigen Materials das „Gutachten der Handels- und Gewerbekammer für das Erzherzogthum Oesterreich unter der Enns, betreffend die Wahrnehmung unserer wirthschaftlichen Interessen im Verkehr mit Deutschland" (Wien 1880) ein, welches im April 1880 an das österreichische Handelsministerium erstattet wurde. „Schon zu Ende des Jahres 1878", so wird dieses Gutachten eingeleitet, „als der Handels- und Zollvertrag zwischen Oesterreich-Ungarn und Deutschland vom 9. März 1868 außer Wirksamkeit trat und damit die stabilen Zollgrundlagen entfielen, auf welchen der Handel und Verkehr beider Reiche seit Jahren beruhte, hegte der österreichische Handels- und Gewerbestand die Besorgniß, daß diese Wendung vielfache Erschwernisse unseren kommerziellen Beziehungen mit Deutschland bereiten könne, nachdem die letzteren vom 1. Januar 1879 an durch den Abschluß eines einfachen Handelsvertrages mit dem Rechte der Meistbegünstigung auf die Dauer Eines Jahres nur eine provisorische Regelung gefunden hatten." Mit der Inaugurirung der neuen deutschen Wirthschaftspolitik erachtete man die zollpolitische Unsicherheit für bedenklich geschärft, und „bei der großen Empfindlichkeit des Welthandels überhaupt und insbesondere Angesichts der unmittelbaren und weitgreifenden Wechselbeziehungen zwischen den wirthschaftlichen Interessen Oesterreich-Ungarns und Deutschlands hielt es die Wiener Kammer an der Zeit, die allgemeine handelspolitische Lage zu untersuchen, wie sich dieselbe durch die erwähnten Ereignisse gestaltete, und sich Klarheit über den Einfluß dieser Umwälzungen auf unseren Außenhandel zu verschaffen." Zu diesem Behufe ernannte sie schon am 18. Juni 1879 eine besondere Kommission mit der Aufgabe, die neue deutsche Zoll- und Eisenbahn-Tarifpolitik bezüglich ihrer voraussichtlichen Einwirkung auf den österreichischen Produkten- und Waarenverkehr mit Deutschland zum Gegenstande der Untersuchung zu machen und Vorschläge zu erstatten, in welcher Art den etwaigen Nachtheilen für den Verkehr Oesterreichs so viel als möglich begegnet werden könnte, während fast gleichzeitig der österreichische Handelsminister über die Rückwirkung des neuen deutschen Zolltarifs auf die österreichischen Exportinteressen Berichte erbat. Am 2. August 1879 konstituirte sich die Kommission der Wiener Kammer und schritt zur Veranstaltung einer umfassenden Enquete, welche unter reger Betheiligung der österreischen Industrie- und Geschäftswelt Ende September 1879 beendet wurde. Auf Grund ihrer Enquete hatte schon am 3. Oktober 1879 auf dem vierten Delegirtentag österreichischer Handels- und Gewerbekammern zu Prag die Wiener Kammer im Gegensatz zu schrofferen Anträgen eine Resolution („den Abschluß eines Zoll- und Handelsvertrages mit Deutschland nur dann anrathen zu können, wenn durch denselben eine unseren industriellen, kommerziellen und landwirthschaftlichen Interessen entsprechende Modifikation des deutschen Zolltarifes erreicht werden kann") durchgesetzt, woraus eine Geneigtheit zur Sicherung des wirthschaftlichen Friedens mit Deutschland unter gewissen Voraussetzungen zu erkennen war. Damals gab man sich in beiden Reichen noch mancherlei Illusionen hin. Man hielt die wirthschaftliche Annäherung Deutschlands und Oesterreichs für unmittelbar bevorstehend, nachdem in der Thronrede des österreichischen Kaisers vom 8. Oktober 1879 unter offenbarer Bezugnahme auf die bei der Anwesenheit des deutschen Reichskanzlers in Wien Ende September 1879 mit dem österreichischen Reichskanzler stattgehabten Besprechungen die verheißendsten Aussichten auf eine günstige Regelung der Verkehrs- und Handelsverhältnisse beider Reiche eröffnet worden waren. Als indeß Ende 1879 die Verhandlungen wieder aufgenommen wurden und ohne Ergebniß blieben, trat mit der Enttäuschung ein rascher Umschwung der Anschauungen in Oesterreich ein, und wiederum war es die Wiener Kammer, welche dem überwiegenden Theil der öffentlichen Meinung Ausdruck gab, indem sie erklärte, Angesichts des wenig entgegenkommenden Verhaltens der deutschen Regierung sei auf ein Vertragsverhältniß mit Deutschland zu verzichten, die Unabhängigkeit der eigenen Handels-, Zoll- und Eisenbahnpolitik zu wahren, die durch die neue deutsche Zoll- und Verkehrspolitik bedrohte wirthschaftliche Thätigkeit Oesterreichs einzig und allein unter dem Gesichtspunkte der eigenen Interessen zu sichern. Entschiedener noch äußerte sich die

Wiener Kammer Anfangs März 1880 auf die Nachricht hin, daß einzelne Positionen des österreichisch-ungarischen Zolltarifs Deutschland gegenüber gebunden und mit ihm auf dieser Grundlage ein Vertrag abgeschlossen werden solle, indem sie in dem Abschlusse eines Handelsvertrages mit dieser Basis die größte Gefährdung der wirthschaftlichen Interessen Oesterreichs erblicken zu müssen erklärte — mit Hinweis darauf, daß die meisten deutschen Tarifpositionen höher, zuweilen exorbitant und für den österreichischen Export äußerst drückend seien. „Es möge dem Ermessen des Deutschen Reiches, welches einen so beträchtlichen Theil seiner Ueberschüsse in und durch Oesterreich-Ungarn absetzt, anheimgegeben bleiben, zu erwägen, ob der vertragslose Zustand, welchen es durch solche Auskunftsmittel schwerlich beseitigt und der bei uns ebenfalls die Nothwendigkeit vielseitiger Zollerhöhungen bedingt, auch wirklich zu seinem eigenen Vortheil gereichen wird."

Indem wir bezüglich aller Einzelheiten auf das ausführliche Gutachten der Wiener Handelskammer verweisen, welches so werthvoll ist, daß es verdiente, zum Mindesten in einem Auszuge auch deutschen Kreisen bekannt gegeben zu werden, wollen wir daraus nur als die letzten allgemeinen Endergebnisse der Enquete hier anführen, daß mit Ausnahme der Eisen-, Maschinen-, Metallwaaren-, Gold- und Silberwaarenindustrie fast alle übrigen Produktions-, Handels- und Gewerbszweige Oesterreichs sich unter gewissen Bedingungen für den Abschluß eines Zoll- und Handelsvertrages mit Deutschland aussprachen. Das lebhafteste Interesse an einer tarifmäßigen Verständigung beider Reiche nahm vor Allem die hervorragende Gruppe des Verkehrs in Produkten der österreichischen Landwirthschaft und der davon abhängigen größeren Industrien, insbesondere des Getreide- und Mahlproduktenhandels, aber auch der Wein-, Bier-, Spiritus- und Zuckerproduktion wie des Vieh-, Holz- und Kohlenhandels. Aus der Textilindustrie war es zunächst die österreichische Leinenindustrie, deren Interessen auf die Nothwendigkeit einer Regelung der handels- und zollpolitischen Verhältnisse beider Länder hinwiesen, sodann die Baumwoll- und Schafwollspinnerei, ferner eine Reihe wichtiger Fabrikationszweige und Exportindustrien, wie die Seiden-, Hut-, Glas-, Thonwaaren-, Papier-, Kurzwaaren-, Leder-, Kautschuk-, Kürschner-, Stroh- und Bastwaarenindustrie, von welchen hervorgehoben wurde, daß sie entweder fast ausschließlich oder doch vielfach Exportbeziehungen mit Deutschland unterhielten, welches ihren Erzeugnissen entweder selbst zum Absatzgebiet diente oder den weiteren Export nach den fremden, besonders den westlichen und nördlichen Ländern vermittelte. Andrerseits soll aber auch aus der Enquete, abgesehen von den transitirenden Mengen, der massenhafte Verbrauch deutscher Waaren in Oesterreich-Ungarn und hiemit konstatirt worden sein, daß Deutschland ein noch weit größeres Interesse am Verkehr und an Erleichterungen desselben mit Oesterreich-Ungarn habe. Zum Belege dessen wurde eine statistische Darstellung der Handels- und Verkehrsbeziehungen beider Länder gegeben, deren Zahlen allerdings auch den deutschen Transitverkehr (Kolonialwaaren ꝛc.) enthalten. Ergänzt durch neuere Daten[1]) zeigt sich das Bild derselben folgendermaßen:

Oesterreich-Ungarns Außenhandel in Millionen Gulden.

1877

Gesammtwerth 1221,9	Davon mit Deutschland	782,24 = 64,00 %
Export . . . 666,6	Nach Deutschland . .	435,96 = 65,43 =
Import . . . 555,3	Von Deutschland . .	346,28 = 62,36 =

1880

Gesammtwerth 1289,3	Davon mit Deutschland	786,2 = 60,99 %
Export . . . 675,9	Nach Deutschland . .	410,3 = 60,70 =
Import . . . 613,4	Von Deutschland . .	375,9 = 61,28 =

Deutschland bezieht von Oesterreich-Ungarn vorwiegend Rohstoffe (1877: 63,4 Proz. des Exports nach Deutschland bezw. 82,1 Proz. des gesammten Rohstoffexports), seit 1874 bis 1879 in rapider Steigerung, wogegen Oesterreich-Ungarn überwiegend von Deutschland Fabrikate bezieht (1877: 59,3 Proz. des deutschen Exports nach Oesterreich), wie aus einer Uebersicht der wichtigeren Artikel des Näheren zu ersehen:

Oesterreich-Ungarns Waaren-Export nach Deutschland (incl. Transit)	1877	1880
	in Millionen Gulden	
Garten- und Feldfrüchte	142,6	109,6
Thiere	64,6	57,8
Brenn-, Bau- und Werkstoffe	30,8	36,7
Bein-, Holz-, Glas-, Stein-, Thonwaaren . . .	24,7	26,5
Instrumente, Maschinen, Kurzwaaren	24,4	21,7
Rübenzucker, Südfrüchte, Kolonialwaaren . . .	21,6	36,4
Thierische Produkte soweit nicht in anderen Klassen	20,1	14,1
Webe- und Wirkwaaren und Garne	54,8	54,3

---

1) Ausweise über den auswärtigen Handel der österreichisch-ungarischen Monarchie im Jahre 1880. Bearbeitet von Joseph Pizzala, herausgegeben von der K. K. Statistischen Zentralkommission, Wien 1881.

Deutschlands Waaren-Export nach Oesterreich-Ungarn (incl. Transit)	1877	1880
	in Millionen Gulden	
Webe- und Wirkrohstoffe und Garne	85,9	92,9
Webe- und Wirkwaaren	46,0	52,6
Kolonialwaaren und Südfrüchte	33,2	25,0
Garten- und Feldfrüchte	28,5	24,5
Arznei-, Parfümerie-, Farb-, Gerbe- und chemische Hilfsstoffe, Mineralöle	26,7	25,5
Instrumente, Maschinen, Kurzwaaren	17,0	22,6
Leder-, Gummi- und Kürschnerwaaren nebst Leder	15,8	23,5
Brenn-, Bau- und Werkstoffe	15,0	21,1
Literar. und Kunstgegenstände	10,9	15,3
Thierische Produkte soweit nicht in anderen Klassen	10,4	15,0
Fette und fette Oele	9,7	8,2
Bein-, Holz-, Glas-, Stein-, Thonwaaren	9,0	11,3
Unedle Metalle	8,3	} 19,3
Metallwaaren	6,6	

Mag auch ein großer Theil dieser Ausfuhr nur Deutschland transitiren (Weizen nach der Schweiz, Gerste nach Holland und England, Hülsenfrüchte und Schafe nach Frankreich und Belgien, Mehl, Zucker, Hopfen 2c. nach England, Textilfabrikate nach überseeischen Ländern 2c.), so wird man dennoch die wirthschaftliche Bedeutung des deutschen Marktes für Oesterreich nicht unterschätzen dürfen.

II. Der neue Tarif.

So wie er seit 1. Juni 1882 zu Recht besteht, ist der österreichisch-ungarische Zolltarif vom 25. Mai 1882 im Wesentlichen aus den Vereinbarungen der beiderseitigen Regierungskommissare hervorgegangen. Es trägt den Charakter eines Vertragstarifes. Die parlamentarische Mitwirkung mußte sich daher in engen Grenzen halten und auf wesentliche Abänderungsvorschläge, um nicht das Zustandekommen des ganzen Tarifes zu gefährden, von vornherein verzichten. Inmitten dieser Zwangslage verliefen die parlamentarischen Berathungen[1] ver-

---

[1] Im österreichischen Reichsrath wie in der ungarischen Volksvertretung begannen die Tarifberathungen im März und endeten im Mai 1882 mit den Spezialdebatten im letzteren Monat. Die prinzipielle Annahme der Vorlage erfolgte in Wien mit 165 gegen 138, in Budapest mit 184 gegen 116 Stimmen der

hältnißmäßig rasch und glatt. Freilich war der Entwurf unter Heranziehung vieler Sachverständigen und Interessenten materiell und administrativ ebenso geschickt als im Ganzen befriedigend ausgearbeitet worden. In den parlamentarischen Kreisen empfand man wohl die partielle Depossedirung, fügte sich indeß den Verhältnissen, weil man die Unzulänglichkeit der eignen Kompetenz in den zahllosen Detailfragen erkannte. Innerhalb der Regierung dagegen wurde das lebhafte Bedürfniß empfunden, an Stelle der Einvernahme einzelner Experten einen geeignet konstituirten Sachverständigenrath zur Seite zu haben und sich den parlamentarischen Körperschaften gegenüber auf dessen Gutachten stützen zu können. Und da doch nun, wie schwerlich bestritten werden dürfte, das konstitutionelle wie jedes andere Leben entwicklungsbedürftig und entwicklungsfähig ist, so nehmen wir keinen Anstand, den Gedanken auszusprechen, es möge in Anbetracht dessen, daß die Parlamentsmitglieder Sachverständige weder sein können noch sollen, der politischen Volksvertretung eine wirthschaftliche Interessenvertretung zur Berathung zunächst aller handelspolitischen Angelegenheiten, namentlich auch der Zolltarife, beigegeben werden. Die Beschlüsse dieser Körperschaften werden zwar, wie bisher, der politischen Volksvertretung zu unterbreiten sein, doch nur zur Diskussion der Prinzipien und Generalien, in all' den unübersehbaren Einzelheiten dagegen lediglich „à prendre ou à laisser."

In ihrem Motivenbericht hatte die österreichische Regierung selbst die Tarifrevision als „eine theilweise schutzöllnerische, theilweise agrarische und theilweise finanzpolitische Reform" bezeichnet, wobei sie indeß den Thatsachen entsprechend das letzte Moment an erster Stelle hätte nennen sollen. In dem Motivenbericht wird unter großem Zahlenaufwande der Nachweis versucht, daß der Tarif vom 27. Juni 1878 weder Oesterreich-Ungarns landwirthschaftliche noch industrielle Produktion hinreichend gesichert, daß die Einfuhr in Industrieartikeln zugenommen, die Ausfuhr in Fabrikaten aber abgenommen habe. „Der Zolltarif vom 27. Juni 1878", heißt es u. A., „war nicht nur das Ergebniß eines Kompromisses zwischen den wirthschaftlichen Interessen beider Reichstheile, sondern er war außerdem auch von dem Bestreben vorsichtiger Bedachtnahme auf die Erleichterung einer künftigen handelspolitischen Verständigung mit Deutschland diktirt, mit welchem Reiche

---

Volksabgeordneten. Die ansehnlichen Minoritäten blieben weniger aus wirthschaftlichen als aus politischen Bedenken in der Opposition. — Von sozialpolitischem Interesse waren die voraufgegangenen Debatten vom 7.—11. Februar 1882 im Abgeordnetenhause des österreichischen Reichsraths über die Petroleumzollerhöhung.

kurz vorher erfolglose Verhandlungen über einen neuen Zolltarifvertrag gepflogen worden waren." Die allgemeine Begründung der Tarifrevision gipfelte in folgendem Satze: „In Folge gänzlichen Scheiterns der Verhandlungen mit dem Deutschen Reiche wegen Abschluß eines Tarifvertrags, sowie in Folge der Seitens der kontinentalen Staaten neuestens eingeführten schutzzöllnerischen Handelspolitik stehen die heutigen Verhältnisse in so entschiedenem Gegensatze zu jenen, unter deren Beeinflussung unser Zolltarif im Jahre 1878 zu Stande kam, daß dessen unveränderter Fortbestand für unsere wirthschaftlichen Verhältnisse unmöglich von Vortheil sein könnte." Einen weiteren Hinweis auf die deutsche Handelspolitik, auf welche man sich bei der Tarifrevision in Oesterreich und Ungarn vom Jahre 1882 gern und oft zu berufen pflegte, enthält auch der folgende Satz des allgemeinen Motivenberichts: „Die deutsche Tarifreform darf ihrerseits in letzter Linie wohl ebenfalls auf einen Anstoß von außen, nämlich auf das rapide Anwachsen der amerikanischen und russischen Exporte landwirthschaftlicher Produkte nach Westeuropa, zurückgeführt werden. Die deutsche Agrarbewegung, welche sich sodann zu einer allgemeinen Schutzzollbewegung erweiterte, beruht auf dem Hauptmotiv, als Ersatz für den an die amerikanische Konkurrenz verlorenen englischen und westeuropäischen Markt den inländischen Markt ausschließlich zu beherrschen und den mitbewerbenden östlich gelegenen Ländern, Rußland, Oesterreich-Ungarn, Rumänien nicht nur das deutsche Absatzgebiet, sondern auch den Transit über dasselbe hinweg nach dem Westen durch die Veterinärpolizei und Bahntarifpolitik möglichst zu erschweren. Da diese Grundursache der deutschen Tarifreform offenbar keine vorübergehende ist, sondern die übermächtige Mitbewerbung Amerikas (und auch Rußlands) noch lange nicht den Höhepunkt erreicht haben dürfte, so eröffnet sich zunächst auch keine Aussicht auf eine Aenderung der deutschen Zollpolitik, und wir müssen deshalb die letztere als etwas Dauerndes auffassen und hienach auch unsererseits unter Erwägung unserer eigenen Interessen unsere autonomen Maßnahmen treffen."

Der „Allgemeine Zolltarif des österreichisch-ungarischen Zollgebietes" vom 25. Mai 1882 ist am 1. Juni desselben Jahres in Kraft getreten. In Folge von Handelsverträgen mit Italien (bis 1887), mit Rumänien (bis 1886) und Serbien (bis 1891) treten verschiedene untergeordnete Positionen für alle meistbegünstigten Staaten nicht sofort in Kraft. Zur Charakteristik des neuen Tarifs dürfte nachstehende Uebersicht genügen, in welcher wir die Zölle pro Meterzentner angeben:

I. Hauptfinanzzölle.

	Alter Zoll	Neuer Zoll	Mehrertrag
Kakaobohnen	fl. 16	fl. 24	ca. fl. 25 000
Kaffee (roh)	= 24	= 40	= = 4 972 000
Thee	= 50	= 100	= = 154 000
Gewürznelken, Muskat	= 40	= 60	= = 29 000
Safran, Vanille	= 60	= 120	= = 13 000
Feigen (getrocknet)	= 6	= 12	} = = 1 190 000
= zu Kaffee=Surrogaten	= 0,40	= 12	
Weinbeeren, Rosinen	= 6	= 12	= = 396 000
Petroleum	= 3	= 10	= = 9 800 000

II. Hauptagrarzölle.

Getreide	Alter Zoll	Neuer Zoll
1. Gerste, Mais, Hafer, Roggen	frei	fl. 0,25
2. Waizen, Hirse ꝛc.	=	= 0,50
3. Malz	=	= 0,60
Hülsenfrüchte	=	= 0,50
Mehl und Mahlprodukte	=	= 1,50
Weintrauben	=	= 5,00
Reis	fl. 2	= 2,00
Ochsen pr. Stück	= 4	= 10,00
Kühe = =	= 1,50	= 3,00
Jungvieh = =	= 0,75	= 2,00
Kälber = =	= 0,40	= 1,00
Schweine = =	= 2,00	= 3,00
Pferde = =	frei	= 10,00
Milch pr. Mtr.=Ztr.	=	= 1,50
Butter = =	= 8,00	= 9,00
Schweinefett, Speck ꝛc.	= 8,00	= 16,00

III. Hauptindustriezölle.

	Alter Zoll	Neuer Zoll
Baumwollengarne	fl. 12— 20	fl. 16— 30
Baumwollengewebe	= 40—150	= 50—160
Gestickte Webwaaren, Spitzen	= 150	= 200
Sammetwaaren	= 70	= 80
Leinenzwirn	= 12	= 30
Kotzen, Taue, Fußteppiche	= 9	= 12
Wollene Webwaaren	= 9— 80	= 50— 80

	Alter Zoll	Neuer Zoll
Ganzseidenwaaren	fl. 300	fl. 400
Nähseide, Zwirn ꝛc.	= 22	= 50
Pack- und Schreibpapier	= 2 — 3	= 3 — 5
Sohlleder	= 8	= 18
Schuhwaaren	= 16 — 26	= 30
Holz- und Beinwaaren	= 12	= 15 — 20
Roheisen	= 0,50	= 0,80
Eisenguß	= 1,20	= 2,00
Schmiedeeiserne Röhren	= 2,50	= 5,00
Feine Eisen- und Stahlwaaren	= 12,00	= 15,00
Feinste Metallwaaren	= 12,00	= 30,00
Lokomotiven	= 4,00	= 8,00
Nähmaschinen	= 2,70	= 20,00
Maschinen	= 2 — 8	= 3 — 10

In landwirthschaftlichen Erzeugnissen hatte Oesterreich nach Deutschland weitaus die größte Ausfuhr, betrachtete es Deutschland als einen durch Handelsverträge gewonnenen oder zu gewinnenden festen Absatzmarkt dafür. Als nun Deutschland durch seinen Tarif von 1879 landwirthschaftliche Zölle einführte und alsbald im Jahre 1880, wenn auch mehr in Folge schlechter Ernte, der Mehlexport Oesterreich-Ungarns nach Deutschland von 2,4 auf 1,3 Mill. Mtztr. herabging, da beeilten sich zunächst die österreichischen Schutzzöllner zu konstatiren, „daß der deutsche Markt für unsere Landwirthschaft nicht entfernt mehr den früheren Werth hat, unsere Handelspolitik daher auf eine neue Basis der Gegenseitigkeit zwischen Industrie und Landwirthschaft gestellt werden muß." („Denkschrift über die Bindung unseres Zolltarifs und unser handelspolitisches Verhältniß zu Deutschland", überreicht dem Handelsminister vom Wiener „Industriellen Klub" am 15. Mai 1881.)

In Entstehung und Verständniß der neuen Agrarzölle führt besser als alle Berichte, parlamentarischen Debatten und journalistischen Artikel die kleine Schrift ein, welche Dr. Alexander Peez, Reichsrathsabgeordneter und Generalsekretär des „Industriellen Klubs" in Wien, die fähigste Kraft der schutzzöllnerischen Bewegung selbst über die schwarzgelben Grenzpfähle hinaus, reich an Ideen und klug in der Taktik, u. b. T. „Die amerikanische Konkurrenz" (Wien 1881) wenige Monate vor der Tarifrevision erscheinen ließ. Dort weist er an der Hand gewichtiger Zahlen nach, daß Oesterreich-Ungarn den besten Abnehmer für seine landwirthschaftlichen Erzeugnisse in Folge der amerikanischen Konkurrenz theilweise verloren oder zu verlieren begonnen habe, insbesondere, daß in Deutschland bereits 1880 mehr amerikanischer als österreichisch-ungarischer Weizen verbraucht wurde, daß seit 1878 der österreichisch-ungarische Mehlexport nach Deutschland um mehr als 100 Prozent gefallen, der amerikanische aber in etwa dem gleichen Verhältniß gestiegen ist. So, sagt Peez, sind sowohl gegenüber Deutschland, wie auch allen übrigen Staaten, mit denen wir Handelsverträge abgeschlossen haben, die Vortheile derselben für uns mehr oder minder fraglich geworden, denn wir öffneten damals den fremden Industriestaaten unseren inneren Markt nur dafür, um für unseren Bodenprodukte den inneren Markt dieser Staaten frei erschlossen zu erhalten. „Wir opferten einen Theil unseres Fabrikatenmarktes dem Ausland, und letzteres gewährte uns dafür einen Theil seines Produktenmarktes. Durch die amerikanische Konkurrenz und **die agrarischen Maßregeln des Deutschen Reiches** hat sich dies völlig geändert. England, Belgien, die Niederlande, Frankreich und besonders Deutschland sind als Konsumenten unserer Agrarprodukte von uns abgefallen. Den Theil ihres Produktenmarktes, den sie uns durch die Handelsverträge versprochen hatten, nehmen sie jetzt für sich in Anspruch oder gewähren ihn anderen Völkern. So ist auch unsere Gegenleistung in ihrer inneren Begründung hinfällig geworden und wir sind befugt, den Theil unseres Fabrikatenmarktes, den wir dem Auslande einräumten, wieder an uns zu nehmen, denselben der einheimischen Industrie zu überlassen und dadurch auch unserer Landwirthschaft den Ersatz für die im Ausland verloren gegangenen Konsumenten zu schaffen." Hieraus folgerte Peez dann die Nothwendigkeit der Wiederherstellung der früheren Industriezölle.

Wir haben die Worte hervorgehoben, mit welchen Peez auf „die agrarischen Maßregeln des Deutschen Reiches" verweist. Offenbar ist er über die Wirkung derselben anderer Ansicht als die deutschen Freihändler. Denn wenn es der Wirklichkeit entspräche, daß der deutsche Konsument in jedem Falle den deutschen Agrarzoll trägt, so hatte Oesterreich-Ungarn doch keinen Anlaß, sich davon berührt zu fühlen. In Wahreit entscheidet darüber die Konjunktur, trägt nicht selten Oesterreich-Ungarn Deutschland gegenüber dessen Agrarzölle, erscheint die Beseitigung der letzteren im Falle einer wirthschaftlichen Annäherung beider Reiche als ein werthvolles Zugeständniß für Oesterreich-Ungarn.

Für Oesterreich-Ungarn selbst sind die Agrarzölle des neuen Zolltarifs vorerst ohne Bedeutung. Im letzten Jahrzehnt hatte Oesterreich-

Ungarn eine durchschnittliche Mehrausfuhr von Getreide in Höhe von 1,2 Millionen Mtr.-Ztr., von Mehl bis zu 1,9 Millionen Mtr.-Ztr. aufzuweisen. Ueberdies ermächtigt Art. 7 des Einführungsgesetzes die beiderseitigen Regierungen, die Zölle für Getreide und Hülsenfrüchte in Fällen schlechten Ernteausfalles im Inlande für alle oder einzelne Fruchtgattungen zeitweilig außer Kraft zu setzen.

Zur Begründung des Getreidezolles verwies die Vorlage auf die mehr und mehr zur Anerkennung gelangende Harmonie der Interessen der Industrie und Landwirthschaft und demgemäß auf die Nothwendigkeit eines Kompromisses zwischen den vorwiegend industriellen Interessen Oesterreichs und den vorwiegend landwirthschaftlichen Interessen Ungarns. „Diese Zölle könnten allerdings", so heißt es in der Begründung weiter, „einem größern Preissturze, wie er in Folge steigender amerikanischer Zufuhren bis in das Herz Europas auch auf unserm innern Markte möglicher Weise eintreten könnte, nicht vorbeugen; aber sie vermögen ihn doch abzuschwächen und der Landwirthschaft, wenn auch in der Regel keine Preissteigerung, so doch eine größere Sicherung des inländischen Marktes zu bieten. Andererseits glaubt die Regierung aber auch annehmen zu dürfen, daß diese mäßigen Zölle, wenn sie auch, ihrem Zwecke entsprechend, in mittleren und schlechten Erntejahren den Preis des Getreides stützen, mitunter sogar um ein geringes erhöhen mögen, doch einen Einfluß auf die Brotpreise im Inlande nicht nehmen können, umsoweniger, als nicht übersehen werden darf, daß bis zum Ablaufe des Vertrages mit Rumänien Getreide bei der Einfuhr aus diesem Lande, und bis zum Ablaufe oder einer frühern einverständlichen Abänderung des Vertrages mit Italien, Brot bei der Einfuhr aus allen meistbegünstigten Ländern zollfrei bleibt."

In Betreff der Mehlzölle sagen die Motive, daß die Einführung derselben in Deutschland die lebhaftesten Klagen der österreichisch-ungarischen Mühlenindustrie, namentlich jener an der deutschen Grenze wachgerufen habe. Die Statistik lasse den Ruf nach Reziprozität mit Deutschland nur zu gerechtfertigt erscheinen, denn unsere Ausfuhr von Mehl und Mahlprodukten sank nach 1879 in rapider Weise, während gleichzeitig die Einfuhr von 1877 auf 1880 fast um die Hälfte stieg. Da Getreide zollfrei bezogen werden konnte, so drücke sich in diesen Ziffern nicht der Einfluß des Ernteausfalles, sondern einzig der Verlust fremder Märkte aus, der Oesterreich-Ungarn zwinge, wenigstens den eigenen, bisher der freien, aber nun nicht mehr reziprok gewährten, fremden Konkurrenz offenen Markt besser zu sichern. Bei Vermahlen ausländischen Getreides und Wiederausfuhr des Mehles gestatten die österreichischen Zollgesetze die Restitution des Getreidezolls, und es sollen die diesbezüglichen Anordnungen im administrativen Wege getroffen werden. Dadurch daß Roggen einen um die Hälfte billigern Zoll erhalten soll als Weizen, während Mehl ohne Unterschied dem gleichen Zolle von 1 fl. 50 kr. unterliegen wird, wird der nord= böhmischen, zumeist nur Roggen verarbeitenden Mühleninduftrie, welche durch die deutsche Konkurrenz am meisten gelitten hat, ein höherer Schutz gegen letztere eingeräumt als den Mühlen, welche Weizen ver= mahlen, da der Roggenzoll in Deutschland doppelt so hoch sein wird und die Restitution des erstern bei der Ausfuhr von Roggenmehl aus Deutschland doch nicht bei allen den zahlreichen, kleineren Land= mühlen, welche im Grenzverkehre nach Böhmen arbeiten, platz= greifen kann.

Wie in Deutschland, so richtet auch in Oesterreich die liberale Opposition ihre Angriffe nicht gegen die eigentlichen Schutzzölle des neuen Tarifs, sondern gegen dessen Finanzzölle auf unentbehrliche Lebens= bedürfnisse, gegen die Belastung von Getreide, Kaffee und Petroleum — mit dem erheblichen Unterschiede indeß, daß die nicht hinreichend zu begründenden Vorwürfe der deutschen Freihändler, der neue deutsche Tarif vertheure die allgemeinen Produktionsbedingungen und ver= schlechtere die Lage der arbeitenden Klassen, gegen den neuen öster= reichischen Tarif mit ungleich größerer Berechtigung erhoben werden können. Mögen auch über die Wirkungen der österreichischen Getreide= zölle (Roggen 0,50 Mark, Weizen 1 Mark, Mehl 3 Mark per 100 kg) Zweifel bestehen: darüber daß ein Petroleumzoll von 20 Mark und ein Kaffeezoll von 80 Mark per 100 kg in bedenklichem Grade die einheimische Arbeit belasten und nur aus der noch bedenklicheren Finanz= lage des Reiches erklärt werden können, wird man sich in Oesterreich keiner Täuschung hingeben dürfen, und man wird auch in Ungarn anderer Meinung werden, wenn die Bevölkerung jenseits der Leitha weitere Kulturfortschritte gemacht und in Bezug auf Kaffee und Petroleum einen größeren Bedarf aufzuweisen haben wird.

Bei Weitem nicht alle Wünsche der österreichischen Industriellen hat der neue Tarif befriedigt. Ja in Kreisen, welche unbefangen und sachgemäß zu prüfen und zu urtheilen gewohnt sind, inmitten des „Nieder= österreichischen Gewerbevereins", des angesehensten Vereins der Mo= narchie, wurde ausgesprochen, daß der neue Tarif nicht eine Ver= besserung, sondern eine Verschlechterung des status quo bedeute. In der Sitzung dieses Vereins vom 24. März 1882 wurde das Urtheil desselben über den neuen Tarif anläßlich einer Eingabe gegen dessen

Annahme dahin zusammengefaßt: „Der neue Tarif befriedigt im Großen und Ganzen die Eisenproduzenten, die Interessenten der Papier- und der Glasbranche; in der Klasse Leder und Lederwaaren geht er in den Zöllen auf Sohlleder über die Forderung der diesseitigen Produzenten hinaus, schädigt durch den Zoll auf Sohllederabfälle die österreichische Schuhwaaren-Fabrikation und opfert durch die hohe Verzollung der gegerbten Schaf- und Ziegenfelle eine von allen Vertretungskörpern der diesseitigen Reichshälfte durch Jahre hindurch aufgestellte Forderung einem eingebildeten Interesse Ungarns; in der Textil-Industrie sind die Interessenten der Baumwoll- und Seidenbranche so ziemlich befriedigt; in der Klasse der Leinenwaaren blieb das ungarische Diktat eines unverhältnißmäßig niedrigen Zolles auf Sack- und Packstoffe aufrecht; in der Schafwollwaarenbranche endlich ist von einer Parität mit Deutschland gar keine Rede; die schweren Winterwaaren erhalten eine unwesentliche Aufbesserung des Zolles, das Gros der Möbelstoffe wird zu einem niedrigeren Zollsatze als bisher eingehen; für leichte Sommerwaaren, für leichte Damenmodestoffe und für die Wiener Tüchel ließ der Tarif den deutschen Zoll von 220 Mark ganz unberücksichtigt und überliefert dadurch eine ganz bedeutende österreichische Industrie einer höchst prekären Lage. Für die Kammgarnspinnerei endlich, dieses Stiefkind der österreichischen Zollgesetzgebung, hat der neue Tarif keine Aenderung gebracht, weil die Ungarn die Webwaarenzölle nicht reguliren wollten." Dagegen beschwerte sich der Verein lebhaft über die sog. Agrar- und Finanzzölle: „Wir bekommen Getreidezölle, Viehzölle, höhere Zölle auf Kaffee, Thee, Gewürze, auf Petroleum endlich; d. h. unsere ganze Lebenshaltung und der Unterhalt unserer Arbeiter werden wesentlich vertheuert, und wenn der österreichischen Industrie auf der einen Seite die Konkurrenz mit dem Auslande erleichtert wird, verschlechtert man auf der anderen Seite die allgemeinen Produktionsbedingungen in einer Weise, daß die Vortheile gewiß aufgewogen werden." In der Vertheuerung der Lebensführung erblickte man eine Verminderung der eigenen Konkurrenzfähigkeit gegenüber dem Auslande und bedauerte diesen Umstand „um so mehr, — als bisher die billigen Arbeitslöhne unser größter Schutz gegenüber dem Auslande waren; und eben diese werden nunmehr mit Nothwendigkeit eine steigende Tendenz verfolgen." Das ist ganz richtig; die Arbeitslöhne in Oesterreich standen nur zu sehr unter dem Drucke des sog. ehernen Lohngesetzes, waren sehr niedrig und werden erhöht werden müssen. Allein billiger Arbeitslohn ist nur ein relativer Begriff. Wenn in England der Spinner bei zehnstündiger Arbeitszeit durchschnittlich 24 Mark, in

Oesterreich bei zwölf- und vierzehnstündiger Arbeitszeit nur 12 Mark wöchentlich verdient, so ist doch zu erwägen, daß in England vier, in Oesterreich aber 12 Arbeiter zur Besorgung von 1000 Spindeln erforderlich sind, die nämliche Quantität Gespinnst daher in England 96 Mark, in Oesterreich dagegen 144 Mark Arbeitslohn erfordert. Was ist da der billigere Arbeitslohn?

Abfälliger noch sprach sich der Niederösterreichische Gewerbeverein über die Zölle auf unentbehrliche Rohstoffe und Halbfabrikate aus, welche er als „zollpolitische Monstrositäten" charakterisirte, zumal dabei mehrfach der Zoll mancher Fabrikate vom Zoll auf den Rohstoff erreicht, ja oft sogar überschritten worden ist. Freilich ist das Verhältniß der Rohstoffe und Halbfabrikate zum fertigen Erzeugniß häufig ein sehr komplizirtes und schwierig zu beurtheilen; um nun nach dieser Richtung hin vorzuarbeiten und das Material für die Zollgesetzgebung vorzubereiten, beabsichtigt der Niederösterreichische Gewerbeverein auf Vorschlag seines Präsidenten, des früheren Handelsministers Dr. Banhans, und seines Sekretärs Dr. Auspitzer, in Gestalt eines technologischen Musterlagers eine fortlaufende tarifpolitische Enquete über das Verhältniß des Verbrauchs gewisser Rohstoffe bezw. des Werthes gewisser Halbfabrikate zum Werthe des fertigen Erzeugnisses zu veranstalten, so daß in jedem Augenblick genaue Auskunft über die Bedeutung jedes einzelnen Rohstoffes für gewisse Industrien, sowie über das Werthverhältniß von Halb- und Ganzfabrikaten gegeben werden kann. Wie nothwendig verläßliche Auskunft gelegentlich ist, mag ein Beispiel zeigen. Es zahlen u. A. nach dem neuen Tarif einzelne Schnallensorten als feine Eisen- und Stahlwaaren 15 fl. per 100 kg; polirtes Blech, aus welchem dieselben erzeugt werden, 8 fl.; anscheinend ist also die inländische Schnallen-Erzeugung geschützt. Nun braucht man aber zu 100 kg mancher Schnallensorten 400 und mehr Kilogramm Blech; man zahlt also für das Blech 32 fl. Zoll und darüber, während die fertige Waare einen Zoll von 15 fl. bedingt. Fortan würden nunmehr in jener neuen tarifpolitischen Mustersammlung des Niederösterreichischen Gewerbevereins in einem Schrank „Feine Eisen- und Stahlwaaren" solche Schnallen mit einer kurzen technologischen Skizze enthalten sein; auf diese Skizze wäre bei den ebenfalls aufgelegten Blechmustern Bezug genommen, so daß die Wirkung einer Veränderung des Blechzolles auf andere Industrien sofort klar werden würde. Im Verein fand der neue, auch anderwärts nachahmenswerthe Gedanke alsbald großen Anklang, und bereits haben sich die hervorragendsten Vertreter der Eisen- und Textil-Industrie bereit erklärt, eine solche Mustersammlung zu beschicken und fortwährend auf dem Laufenden zu erhalten. Wie schon angedeutet, ging von den Interessenten der österreichischen Eisen-Industrie der heftigste Widerstand gegen die handelspolitische Annäherung der beiden Reiche aus. Die österreichischen Eiseninduftriellen hatten Alles aufgeboten, um dem Import deutscher Eisenfabrikate Eintrag zu thun, und ihre Forderungen waren auf Sonderschutz gegen die überlegene deutsche Konkurrenz gerichtet. In einem bemerkenswerthen Berichte der Wiener Handels- und Gewerbekammer vom September 1881 wurde die Lage der österreichischen Roheiseninduftrie sehr ungünstig dargestellt, doch wesentlich in Folge des neuen Thomas-Gilchrist'schen Entphosphorungsverfahrens, dessen Einfluß ein so gewaltiger zu werden drohe, daß die gesammte österreichische Eisenindustrie in ihrem Bestande gefährdet erscheine, weil jenes Verfahren gestatte, aus phosphorhaltigen Erzen Qualitätseisen zu erzeugen. Man verwies auf die Einfuhr des Jahres 1880, wonach von Deutschland nach Oesterreich 700,000 Mtr.-Ztr. Roh- und Brucheisen, d. i. mehr als der fünfte Theil der österreichischen Jahresproduktion versendet wurde, stellte eine weitere Zunahme der deutschen Eiseneinfuhr in Aussicht und erklärte: „Gegen diese Invasion deutschen Eisens, welche den Ruin unserer gesammten Eisenindustrie zur baldigen unausweichlichen Folge haben müßte, giebt es nur ein einziges Mittel, die Erhöhung des Roheisenzolles in einem Maße, welcher den Eintritt deutschen Roheisens nach Oesterreich-Ungarn wenn auch nicht unmöglich macht, so doch wenigstens einengt." Allein die Forderungen der österreichischen Eisenindustriellen sind nicht ganz erfüllt worden. Nicht auf 1 fl. 20 kr., wie sie zum Mindesten verlangten, sondern nur auf 80 kr. von 50 kr. ist der Roheisenzoll erhöht worden, und auch in den übrigen Positionen ihrer Gruppe mußten sie sich Abstriche gefallen lassen, weil es, wie die Motive ausführten, „nicht die Aufgabe des Zolles sein kann und thatsächlich auch nirgends im Tarife beabsichtigt ist, die Mitbewerbung des fremden Produktes auf dem innern Markte vorweg unrentabel zu machen und auszuschließen."

Unbestritten sind des neuen Tarifes Vorzüge in Bezug auf die formelle, gesetzestechnische Seite wie in Bezug auf die Klassifikation der Waaren — ein Werk des Ministerialraths Dr. Bazant im Handelsministerium, eines der ersten Rufer zum Streit in der schutzzöllnerischen Bewegung. Diese Vorzüge ebnen einer richtigen Spezialisirung die Wege, gestalten den Tarif übersichtlicher, erleichtern die Waarendeklaration und gewähren der rationellen Waarenstatistik eine bessere Unterlage. Bei der Klassifikation hat man sich im Wesentlichen nach der französischen Anordnung gerichtet. Im Finanzministerial-Verordnungsblatt vom 31. Mai 1882 ist der neue Zolltarif mit 1895 Positionen (1056 Einfuhrwaaren, 839 Ausfuhrgüter) veröffentlicht worden. Der französische Zolltarif verzeichnet 1886, der deutsche 1210, der italienische 1064 und der englische 618 Waarennummern.

Schon der 16. Kongreß deutscher Volkswirthe in München hatte 1875 erklärt: „Ueberdies erscheint es geboten, im Zolltarife eine rationellere Klassifizirung der Industrieerzeugnisse in der Richtung herbeizuführen, daß die Tarifsätze mehr als bisher dem Werthe der auf die Waaren verwendeten Arbeit entsprechen", fügen wir hinzu: dem Werthe überhaupt. Auf diesem Wege bedeutet der neue österreichische Tarif einen erheblichen Fortschritt, welchen Deutschland noch nicht gemacht hat.

Gewitzigt durch die letzten Erfahrungen des Nachbarreiches setzten die Regierungen Oesterreichs und Ungarns noch vor Beendigung der parlamentarischen Berathungen für eine Reihe wichtiger Finanzzollartikel den Erlaß eines Sperrgesetzes durch, welches trotz raschen Inkrafttretens, am 1. März 1882, und prompter Handhabung bei der außerordentlichen Versatilität von Handel und Wandel in der Gegenwart seinen Zweck nur unvollkommen erreichte. Dies wird aus folgenden Angaben ersichtlich.

	Menge der Einfuhr in Meter-Zentnern		
	1881	1882	1880
	I. Quartal	I. Quart.	I—IV. Quart.
Kaffee	87 585	243 420	331 206
Weinbeeren	12 638	28 825	63 486
Champagner	838	2 516	4 058
Thee	1 144	4 554	3 437
Zement	35 688	109 037	313 423
Roheisen	82 700	185 282	555 359
Brucheisen	53 996	120 068	215 969

Demnach war trotz des Sperrgesetzes Oesterreichs Bedarf an Kaffee auf drei Vierteljahre und an Thee auf über ein Jahr zu den alten niedrigeren Zollsätzen gedeckt, was freilich die spekulativen Zwischen- und Kleinhändler nicht hinderte, mit den Preisen dieser Artikel genau am 1. März aufzuschlagen, und zwar bei Kaffee durchschnittlich um 20 (statt 16), bei Thee um 100 (statt 50) fl. per 100 Kilo, also mit einem Extragewinn, ja es erhöhten sogar die Wiener Kaffeehäuser an dem nämlichen Tage den Preis für eine Schale Kaffee um 1—2 kr. —

Alles unter der Herrschaft der freien Konkurrenz. Schon vorher hatte der allzu spekulative und raffinirte, meist in jüdischen Händen befindliche Zwischenhandel zahlreiche Konsumentenkreise zum direkteren Bezuge von Kaffee, Thee u. s. w. in Fünf-Kilo-Packeten aus Bremen und Hamburg gedrängt. Jetzt petitionirten die Zwischenhändler behufs Beseitigung dieser angeblichen Mißstände um Erhöhung zunächst des Kaffeezolles für Sendungen bis zu 25 Kilo um 50 Prozent, fanden indessen mit ihrer Forderung, abgesehen von einigen Handelskammern, nicht die geringste Unterstützung.

In dem neuen Tarif haben kurz vor Jahresschluß auch Differenzialzölle Aufnahme gefunden und zwar zu Gunsten der adriatischen Häfen, in erster Linie Triests, welches aus eigener Kraft nicht im Stande gewesen war, sich als wichtigster Hafenplatz auch zum größten Handelsemporium der Monarchie aufzuschwingen. Die Differenzialzölle — mit einer Zollmindereinnahme von 5—700 000 fl. veranschlagt — sind bewilligt worden

	bei der Einfuhr zu Land	bei der Einfuhr zur See	Differenzialzoll
für Kakaobohnen per Mtr.-Ztr.	fl. 24,00	fl. 20,00	fl. 4,00
= Kaffee = =	= 40,00	= 37,00	= 3,00
= Thee = =	= 100,00	= 90,00	= 10,00
= Palmöl = =	= 1,00	= 0,50	= 0,50
= Indigo, Cochenille =	= 3,00	= frei	= 3,00
= rohen Reis per =	= 0,50	= 0,25	= 0,25
= Gewürze = =	durchweg		= 5,00

In den wichtigsten Artikeln richten sich diese Differenzialzölle gegen die Konkurrenz von Hamburg, Bremen und Antwerpen; denn Oesterreich-Ungarn bezog bisher den größten Theil seines Bedarfs an überseeischen Erzeugnissen — jährlich etwa 1,8 Millionen Meter-Zentner im Werthe von 99 Millionen fl. — über Deutschland, insbesondere

im Jahre 1880		insgesammt	davon über Deutschland
Kakao	Mtr.-Ztr.	3 795	3 762
Kaffee	=	315 916	237 920
Thee	=	3 437	3 418
Indigo . . .	=	7 268	4 121
Reis	=	412 650	252 908
Gewürze . . .	=	18 375	13 718
[Petroleum . .	=	1 154 450	682 023]

Nur an dem Widerspruche der Ungarn und Polen scheiterte der auch für Petroleum geplante Differenzialzoll von 50 kr. für den Meter=Zentner. Da diese Differenzialzölle allen zur See eingehenden Sendungen der betreffenden Artikel ohne Rücksicht auf deren Herkunft oder Schiffs= flagge zu Gute kommen, so fördern sie im Gegensatze zu Sur= oder Detaxen nicht die nationale Schifffahrt, sondern gewisse lokale Inter= essen der einheimischen Seehandelsstädte, zunächst den Handel und die Verkehrsindustrien von Triest — ob aber auch in wirksamer Weise? Triest selbst hat diese Frage verneint, indem es höhere Differenzial= zölle — für Kaffee 5 fl., für Gewürze 10 fl., für Thee 15 fl. — verlangte. Dagegen hat der gefährdete deutsch=böhmische Zwischenhandel sich rasch beruhigt. Natürliche Ursachen lassen mit unwiderstehlicher Gewalt den Handel Nord=Oesterreichs nach Deutschland und der Nordsee gravitiren, vor Allem die ungleich entwickelteren und wohlfeileren Verkehrswege zur norddeutschen Ebene, sodann die ausgedehntere, überlegene Handels= thätigkeit der deutschen Handels= und Hafenplätze, der Mittelglieder zu den britischen und holländischen Emporien, gegenüber der Neuheit, Schwerfälligkeit und Kostspieligkeit des Bezuges über Triest: Differenzen, welche sich nicht berechnen und weder durch Differenzialzölle, noch durch Differenzialtarife ausgleichen lassen. Triests Begünstigungen lassen sich vom Norden her paralysiren, und in Bezug auf den Kaffeehandel wird es dauernde Vortheile nur dann ziehen, wenn es ihm gelingt, den Import aus den ostindischen Kaffeeländern zu heben und den süd= österreichischen Markt für Triest zu gewinnen. Legitime deutsche Inter= essen hat die Regierung Oesterreich=Ungarns mit den Differenzialzöllen nicht verletzt und nicht zu schädigen beabsichtigt, und es lag kein Anlaß vor, Repressalien dagegen von deutscher Seite zu nehmen, wie es die sonst so liberale und freihändlerische Mannheimer Handelskammer vor= geschlagen, sei es auf Grund des § 6 des deutschen Zolltarifgesetzes vom 15. Juli 1879, sei es durch analoge Zollvergünstigungen für solche Produkte (Südfrüchte, Oele u. s. w.), welche Deutschland theilweise über Triest bezieht, zu Gunsten der Nordseehäfen.

III. Perspektiven.

Obschon die Meinungen und Aeußerungen des österreichischen Handelsministers, welcher die Tarifrevision vor der Volksvertretung vertrat, eine besondere Tragweite nicht beanspruchen, so mag doch er= wähnt werden, daß er im Verlaufe der parlamentarischen Berathungen über die Haltung der Regierungen bezüglich künftig abzuschließender

Handelsverträge nicht unerwähnt ließ, „daß die Interessen Oesterreichs auch hinsichtlich seiner Industrieprodukte auf den Export gerichtet sind und die Industrie hoffentlich mit Hilfe des neuen Tarifs noch exportfähiger werden könne. Die Regierung darf also wohl in der Zukunft der Vertragspolitik nicht aus dem Wege gehen." In Uebereinstimmung hiermit sind einzelne Positionen mit der Bemerkung begründet: „die Höhe dieses Satzes ist durch die Möglichkeit seiner Verwerthung im Interesse unserer Exportindustrien bei künftigen Vertragsnegotiationen gerechtfertigt." Noch deutlicher äußerte sich in den Debatten der frühere Handelsminister Chlumecky, ein gemäßigter Schutzzöllner, indem er sagte: „Wenn ich Freihändler à tout prix wäre, müßte ich diesen Zolltarif recht schnell acceptiren, denn er wird in ganz entgegengesetzter Weise wirken. Es wird wahrscheinlich in Deutschland hinaufrevidirt werden, wir werden folgen und dann werden Beide des Wettlaufens müde sein und sich in die Arme fallen."

Nichtsdestoweniger gehört die handelspolitische Wiederannäherung Deutschlands und Oesterreichs zu den schwierigsten Problemen internationaler Wirthschaftspolitik, da es gilt, für die Verwirklichung dieses Zukunftsgedankens neue Formen zu finden. In einem Schreiben an den ungarischen Volkswirth von Banszner hat einmal der deutsche Reichskanzler einen mitteleuropäischen Zollbund und speziell eine deutsch-österreichische Zolleinigung als ein Ideal bezeichnet, welchem näher zu rücken das Deutsche Reich und Oesterreich-Ungarn bei allen künftigen handelspolitischen Schritten sich bemühen sollten. Ist dieses Ideal in absehbarer Zeit erreichbar?

Als eine Stimme aus dem besten Theile des österreichischen Volkes heraus in dieser Sache darf die Rede bezeichnet werden, welche der deutschnationale und liberale, wegen seiner antisemitischen Gesinnungen von der im Börsendienst stehenden Wiener Tagespresse bestverleumdete österreichische Reichsrathsabg. von Schönerer auf dem konservativen Parteitage zu Breslau am 7. Juni 1882 gehalten hat. Schönerer sagte u. A.: „Das enge Bündniß beider Staaten muß auf das wirthschaftliche Gebiet ausgedehnt werden. Das ist durch Konsequenz und Ausdauer erreichbar, wenn das Volk dafür eintritt, wie es die Bauernversammlung in Wels gethan. Der Ruf von Wels sollte in Schlesien ein Echo finden. Durch die Zolleinigung würden die Slaven Oesterreichs von dem Bedrängen des deutschen Stammes und von mancher ihrer Forderungen abstehen. Der Gedanke der Zoll-Union ist nicht neu; er wurde von Fr. List empfohlen, von Bruck gefördert und von Bismarck, der mit Buol verhandelte, als nothwendig erklärt. Durch die Verstaatlichung der Bahnen, durch die Ausführung des Donau- und Oberkanals, durch eine gemeinsame Fabrik- und Gewerbegesetzgebung wird die Durchführung des Projektes erleichtert und der heimische Markt erweitert werden. Vorläufig, bis die Tabak- und Salzbesteuerung in beiden Staaten gleich sein wird, muß die Zwischenlinie bestehen. Der beste Beweis für den Vortheil einer Zolleinigung ist die Angst Rußlands vor derselben, darum muß überall die Agitation dafür beginnen. Goethe sagte, wir sind gewöhnt, daß Menschen verhöhnen, was sie nicht verstehen; darum darf man von dem, was man als richtig erkannt hat, nicht ablassen." Und in Breslau fanden Schönerer's Ideen sympathische Aufnahme, da alsbald folgende Resolution angenommen wurde: „Die Versammlung erblickt in dem Bündnisse mit Oesterreich eine Gewähr des Friedens; erwartet, daß das Bewußtsein der Zusammengehörigkeit der Deutschen zum entscheidenden Durchbruche gelange; hofft, daß die Wirthschaftsreformen in Uebereinstimmung durchgeführt werden, und erblickt eine Förderung der Interessen in der Wirthschaftseinigung, daher fordert sie zur Veranstaltung eines Wirthschaftstages in Breslau für den nächsten Herbst zur Lösung dieser Fragen auf."

In dem ausgezeichneten Werk „Die Grundsätze der Steuerpolitik und die schwebenden Finanzfragen Deutschlands und Oesterreichs" (Tübingen 1880) hat Albert Schaeffle diesem Probleme ernsthaftere Erörterung angedeihen lassen. Sympathisch begrüßt er den Gedanken der wirthschaftlichen Annäherung beider Reiche. „In Oesterreich-Ungarn dürfte ein nachhaltig gutes Verhältniß zu Deutschland die große Mehrheit aller Parteien ebenfalls für sich haben. Bei richtiger Begrenzung der Handelsgemeinschaft wird jedes der beiden Reiche von freierem Verkehr mit dem anderen gewinnen. Selbst die neuen Balkan- und Donaustaaten werden naturgemäß gegen ein deutsch-österreichisches Handelsbündniß gravitiren, wenn es ihnen nicht aufgezwungen wird. Der Konkurrenz der neuen Welttheile gegenüber sind größere Handelsgebiete in Europa fast eine Nothwendigkeit geworden, namentlich in ihrer Ausdehnung gegen den wirthschaftlich und politisch wiedererwachenden Orient hin. Ein Zoll- und Handelsbündniß zwischen Deutschland und Oesterreich auf längere Dauer würde für die Hauptrichtungen des auswärtigen Waarenverkehrs beider Nationen eine sehr wünschenswerthe Stabilität in Aussicht stellen . . ."

Auf die Frage nach der Ausführbarkeit der Annäherung antwortet Schaeffle, es sei der Zollbund materiell in zwei, rechtlich in drei Formen denkbar. Materiell als Zolleinigung entweder mit oder ohne Gemeinschaft des Zollertrages. Formell als dauernde Union auf staatsrechtlicher

Basis oder als von Periode zu Periode kündbares Bündniß völkerrechtlicher Art mit wechselseitiger differenzieller Begünstigung allen anderen Nationen gegenüber oder als Handels- und Zollvertrag auf Kündigung ohne Ausschluß gleicher Einräumungen an dritte meistbegünstigte Nationen. Schaeffle versucht den Nachweis zu führen, daß ein neuer Vertrag zwischen Deutschland und Oesterreich weder ein Finanzgemeinschafts- noch ein Zollunionsvertrag, sondern nur ein Tarifvertrag — besten Falles ein Differenzialtarifvertrag — sein kann, eine völkerrechtliche Handelsannäherung mit mobilem Zwischentarif, deren Verwirklichung vom Auslande her gehindert und bekämpft, bei thatkräftigem Wollen aber erreicht werden könnte. „Keine finanzielle und keine staatsrechtliche Fusion stünde dabei in Frage. Kein Nationalgefühl würde verletzt. Die Freiheit der handelspolitischen Gesetzgebung und die Rücksicht auf eigenthümliche Interessen bliebe gewahrt. Diese Form wäre der größten Erweiterung fähig . . . sie könnte sich sogar zur Grundform handelspolitischer Vereinigung der Staaten des europäischen Festlandes erweitern . . . So wenig das völkerrechtliche engere Verhältniß den einzelnen Staat dauernd fesseln würde, so würde es doch thatsächlich eine gewisse Stabilität bewirken, eine Stabilität, welche auch für die Dauer der politischen Allianz Oesterreichs und Deutschlands, eventuell für den Frieden des festländischen Europa äußerst vortheilhaft wäre." In der Sitzung des deutschen Reichstags vom 12. Juni 1882 sprach der deutsche Reichskanzler bekanntlich von „einer festen erhaltenden Gewalt in der Mitte von Europa."

In Oesterreich ist man im Allgemeinen einer wirthschaftlichen Annäherung an Deutschland zugeneigt. Haben sich doch selbst Interessentenkreise, wie u. A. diejenigen der Wollindustrie, für ein gänzliches Fallen der Zollschranken zwischen beiden Reichen ausgesprochen, lediglich in der Hoffnung, als Ersatz für den in gewissen Spezialitäten verloren gegebenen inneren Markt entsprechenden Absatz in Deutschland zu finden. Man ist gegen Deutschland weder revanchelustig noch unfreundlich gesinnt und scheint geneigt zu sein, an dem Grundsatz festzuhalten, welchen Dr. Bazant, derzeit Dezernent im Handelsministerium, 1875 auf dem Kongreß österreichischer Volkswirthe aufstellte, d. h. keinesfalls einem anderen Staate als Deutschland größere Ermäßigungen und Begünstigungen einzuräumen, was Oesterreich damals Belgien und England gegenüber gethan hatte. In der zusammengeschmolzenen Schaar der österreichischen Freihändler wie aus den weiten Kreisen der österreichischen Schutzzöllner vernimmt man Wünsche und Vorschläge zu Gunsten einer wirthschaftlichen Entente mit Deutschland. Wiederholt besprach noch im Frühjahr 1882 das Organ der Schutzöllner, die „Deutsche Zeitung" in Wien, die Möglichkeit, mit Deutschland und Oesterreich-Ungarn unter späterer Heranziehung der Balkanstaaten ein wirthschaftliches Gesammtgebiet zu schaffen, „innerhalb dessen die Industrie der nordwestlichen Hälfte mit der Bodenproduktion des südöstlichen Theiles einen beiderseits glückbringenden Austausch pflegen könnte." Was unsere Industrie, so hob das bedeutendste schutzöllnerische Organ Oesterreichs hervor, durch den ungehinderten Import der deutschen Fabrikate nach Oesterreich einzubüßen hätte, würde sie durch den lebhaft gesteigerten Export nach den Balkan-Gebieten zurückgewinnen können. Und zudem würde ja durch gleichzeitige Abwehr der bisher noch immer so lebhaften Waaren-Einfuhr aus dem außerdeutschen Auslande, aus England, Frankreich, Belgien, der inländische Markt eine erhebliche Entlastung erfahren. Daß endlich die österreichisch-ungarische Landwirthschaft und Viehzucht alle Ursache haben, der Unions-Idee geneigt zu sein, kann wohl bei unserer Ueberproduktion in dieser Hinsicht keinem Zweifel unterliegen. Ein vorläufiger Schutz solcher Industrien, welche, wie die österreichische Eisenindustrie, Spinnerei, Kattundruckerei und Lederfabrikation, durch die deutsche Konkurrenz gefährdet erschienen, könnte durch Errichtung einer differenziellen Begünstigungen gewährenden Zwischenzolllinie, welche zugleich als Steuer- und Monopolgrenze ins Auge zu fassen wäre, sichergestellt werden. Man komme uns, sagte das erwähnte Organ, diesem Vorschlage gegenüber nicht abermals mit dem Hinweis auf den Frankfurter Frieden, in welchem Fürst Bismarck für „ewige Zeiten" den Franzosen die handelspolitische Meistbegünstigung eingeräumt habe. Besaß denn nicht trotz der von uns an Frankreich zugestandenen Meistbegünstigungen Deutschland so lange Jahre das werthvolle Vorrecht des zollfreien Appretur-Verkehrs? Genießt Oesterreich nicht trotz der Meistbegünstigungs-Klausel in allen serbischen Handelsverträgen doch die fünfzigpercentige Zoll-Ermäßigung für eine Reihe seiner Waaren bei der Einfuhr nach Serbien? Weshalb sollte nicht auch eine differenzielle Begünstigung des österreichisch-deutschen Waarenverkehrs gegenüber dem Import aus fremden Staaten ausführbar sein? Wie, wenn man zuvörderst die beiderseitigen autonomen Zolltarife im gegenseitigen Verkehr als Maximaltarife, den anderen Ländern gegenüber aber als Minimaltarife anzusehen sich entschließen könnte?

Ob dabei die sog. Meistbegünstigungsklausel[1]) so leicht zu über-

---

1) Der diesbezügliche Artikel 11 des Frankfurter Friedensvertrages, demzufolge jede Zollbegünstigung, welche Deutschland Oesterreich-Ungarn einräumen wollte, auch Frankreich zu Theil würde, lautet:

gehen sein wird? Gelingt es auch nicht, das zweischneidige Schwert abzustumpfen, so dürfte doch jetzt und in nächster Zukunft, da bei Abschluß von Handelsverträgen wirthschaftliche Interessen allein entscheiden, die Anwendung einer Bestimmung zwiefach zu überlegen sein, welche in der Zeit der liberalen Handelsvertragspolitik nur zu oft aus politischen Gründen mißbraucht worden ist.

Auf gewisse kleine Reibungen und Eifersüchteleien im Konkurrenzkampfe zwischen deutschen und österreichischen Industriellen ist dabei kein allzugroßes Gewicht zu legen. Wenn die österreichische Regierung darauf sieht, daß die österreichischen Eisenbahngesellschaften ihre Aufträge für Maschinen möglichst österreichischen und nicht deutschen Fabriken zukommen lassen, so wiederholt sich in Oesterreich eben nur die nämliche Erscheinung, welche in Deutschland nur noch zugespitzter vorkommt, wo der bayerische oder württembergische Fabrikant seinen sächsischen oder preußischen Kollegen als minder berechtigten „ausländischen" Konkurrenten betrachtet wissen möchte. Vielfach verknüpft ist dessen ungeachtet die deutsche mit der österreichischen gewerblichen Arbeit. In freundlicher, durch gleiche Sprache und Art geförderter Freizügigkeit wandern die Arbeitskräfte hinüber und herüber, und wenn man deutsche Arbeiter in Oesterreich gern sieht und fesselt, so thut man es, wie kleine Anfechtungen zeigen, wohlbewußt. In dem schätzbaren Bericht von Dr. Albert Jele über „Die Tiroler Glasmalerei 1877—1881" (Wien 1882) wird u. A. (S. 21) „dem vom engbrüstigen Patriotismus der Leitung der Anstalt wiederholt gemachten Vorwurfe wegen Engagements von Ausländern d. h. deutschen Staatsangehörigen", und zwar in folgenden Sätzen begegnet: „Abgesehen von mannigfachen Anregungen und Praktiken, die solche oft vielgewanderte Glasmaler aus der Fremde bringen und die als belebende Fermente den alten Stoff durchgähren, gebietet es fast ein natürliches Anstandsgefühl, Angehörige eines befreundeten Nachbarstaates zu beschäftigen, dem die Tiroler Glasmalerei

---

„Les traités de commerce avec les différents Etats de l'Allemagne ayant été annullés par la guerre, le Gouvernement allemand et le Gouvernement français prendront pour base de leurs relations commerciales le régime du traitement réciproque sur le pied de la nation la plus favorisée.

Sont compris dans cette règle les droits d'entrée et de sortie, le transit, les formalités douanières, l'admission et le traitement des sujets de deux nations ainsi que de leur agents.

Toutefois seront exceptées de la règle susdite les faveurs qu'une des parties contractantes par des traités de commerce a accordées ou accordera à des États autres que ceux qui suivent: l'Angleterre, la Belgique, les Pays-Bas, la Suisse, l'Autriche, la Russie."

eine (von Köln, Stuttgart, Mainz und mehreren anderen deutschen Städten eingelaufene) ununterbrochene Folge ansehnlicher Kunstaufträge dankt." Um ihren alten Kundenkreis in Deutschland auch nach dem Inkrafttreten des deutschen Tarifes von 1879 zu behalten, hatte diese Fabrik beiläufig fast die ganze Zollerhöhung unter dem Titel einer fünfprozentigen Zollvergütung übernommen.

Zu Gunsten einer wirthschaftlichen Entente der beiden großen mitteleuropäischen Reiche spricht auch die Gemeinsamkeit ihrer Exportinteressen, zunächst, wie schon angedeutet, mit Rücksicht auf den Orient. Will Oesterreich auf der Balkanhalbinsel und an der unteren Donau eine wirthschaftspolitische Hegemonie erringen, soll das „Jusqu'au delà de Mitrowiça!" des Berliner Friedens sich dereinst verwirklichen, so ist ihm des deutschen Reiches Bundesgenossenschaft dazu unentbehrlich. Unter Andrassy fehlte es in Wien an Geschick, unter Haymerle an Glück. Während Deutschland die maßgebende Macht am Goldenen Horn geworden, hat Oesterreich nichts erlangt als landläufige Handelsverträge mit dem antiösterreichischen Rumänien und dem unzuverlässigen Serbien, abgesehen von dem unwillkommenen Aufstand in Bosnien. Fast vergessen sind die Hoffnungen und Pläne, welche man in Wien an den Berliner Frieden knüpfte, und unter den reponirten Akten befindet sich das Referat der Wiener Handels- und Gewerbekammer vom September 1878 über die Fragen eines Zollvereins zwischen Oesterreich-Ungarn und den Donauländern Bulgarien, Ost-Rumelien, Bosnien, Herzegowina, Montenegro, Serbien und Rumänien mit der Resolution, „daß die Zolleinigung der genannten Staaten und Länder, mit Oesterreich-Ungarn im Ganzen zusammengefaßt, eine Ausgleichung der Vor- und Nachtheile repräsentirt, wie wohl selten ein Zollverein zu bieten in der Lage ist, indem der nahezu ausschließlich landwirthschaftlichen Produktion auf der einen Seite der Konsum, die Verwerthung oder die Veredlung auf der anderen Seite, und der vorwiegend gewerblichen Produktion des einen Theiles der vermehrte Konsum der anderen Theile gegenübersteht." In diesem Referat stellte man sogar schon die leitenden Grundsätze für die Herstellung dieses Zollbundes auf, schuf die Organe desselben nach deutschen Vorbildern in Gestalt eines Zollparlaments und Zollbundesrathes auf dem Papier und zog zuletzt auch die politischen Konsequenzen dieses Zukunftsbildes, indem man aus ihm mit Nothwendigkeit einen politischen Staatenbund der Donau- Save-Länder erstehen sah, „der, indem er nächst dem wirthschaftlichen Gedeihen auch die politische Individualität der einzelnen Länder und Völker wahrt, allein geeignet erscheint, dem heutigen

Oesterreich-Ungarn gegen die wirthschaftliche und politische Gegnerschaft Rußlands dauernde Sicherheit zu gewähren."

Hervorragende Vertreter deutscher Exportindustrie, wie der vielerfahrene Gründer des „Deutschen Handelsvereins" für die Levante, H. Löhnis in Berlin, haben den Gedanken eines mitteleuropäischen Zollvereins für das Ziel erklärt, welchem die denkenden Industriellen Deutschlands ihr Augenmerk schenken, auf das sie im Interesse ihrer Industrie hinarbeiten sollten. Und speziell mit Rücksicht auf die Förderung und Ausnutzung der naturgemäßen, über Oesterreich führenden Verkehrsstraßen der Donau und der in Bau begriffenen internationalen Orientbahnen erachtet es Löhnis [1] für unerläßlich, das politische Bündniß der beiden Reiche durch ein wirthschaftliches Uebereinkommen zu vervollständigen; „denn die Zukunft der deutschen Industrie heischt gebieterisch die Herstellung eines ausgedehnten, wohlarrondirten Territoriums, welches mit leistungsfähigen Seehäfen im Norden und Süden ausgestattet den heutigen Anforderungen des Welthandels in jeder Beziehung entspricht: ein zusammenhängendes zentraleuropäisches Handels- und Industriegebiet würde sofort den verschiedenartigen Leistungen seiner Bewohner möglich machen, sich naturgemäß zu ergänzen, statt wie bisher zu bekämpfen. Nur unter dieser Voraussetzung ist auch das gegenwärtig bestehende Schutzzollsystem zu rechtfertigen. Dies wird immer deutlicher werden, je mehr sich die Konkurrenz der nordamerikanischen Industrie auf dem Weltmarkt fühlbar macht; aller Sachverständigen Urtheil stimmt aber darin überein, daß man jenseits des Ozeans mit Riesenschritten vorschreitet."

Dabei beschränkt sich diese Gemeinsamkeit der Exportinteressen Deutschlands und Oesterreichs keineswegs auf den näheren Orient. In den Schlußbemerkungen seines Berichts über die internationalen Weltausstellungen zu Sydney und Melbourne (Wien 1882) hat der österreichische Ausstellungskommissar Viktor Schönberger bei Erklärung der australischen Verhältnisse wiederholt hervorgehoben: „Ich spreche natürlich hier immer vom Handel Deutschlands und Oesterreichs, nachdem die ökonomischen Verhältnisse und die zu ergreifenden Maßregeln nahezu gleich und wenn auch bei abweichenden Endzielen doch unsere Bestrebungen analoge sein müssen."

Mit einer wirthschaftspolitischen Annäherung der beiden Reiche sollten auch die deutschen Freihändler sich zu befreunden keinen Anstand

---

[1] Die wichtigsten Ergebnisse einer Informationsreise in die Levante, Leipzig 1882, S. IX u. X.

nehmen, und sie können das trotz ihrer Verstimmung und ihrer Reso\-
lution auf dem 19. Kongreß deutscher Volkswirthe in Berlin vom
Jahre 1880, falls sie endlich den Boden der Thatsachen zu betreten
bereit sind. Was befürchten denn die Freihändler von einer Zoll\-
einigung zwischen Deutschland und Oesterreich, welche, da eine neue
Form gefunden werden muß, provisorisch besser Zollannäherung ge\-
nannt werden mag? Nichts mehr und nichts weniger als eine Ge\-
fährdung der freihändlerischen Ideen und Prinzipien in ihrer Weiter\-
entwickelung. In Berlin sprach es damals der jetzige Reichstagsabge\-
ordnete Dr. Barth, ein radikaler Freihändler auch ohne Reziprozität,
weil er die Interessen einer Handelsstadt mit denjenigen Deutschlands
identisch glaubt, aus, indem er sagte: „Der Effekt der Maßregel
würde deshalb der sein, daß wir den Damm, den wir zwischen den
einzelnen Staaten fortreißen, benutzen, um den Damm, der um die
beiden Staaten herumgeht, noch mehr zu erhöhen[1]."

Begünstigt wird die künftige wirthschaftliche Annäherung zwischen
Deutschland und Oesterreich auch durch die Entwickelung der wirth\-
schaftlichen Gesetzgebung. Schon gilt in Oesterreich das nämliche
Handelsgesetzbuch und Wechselrecht wie in Deutschland, und auch bei
der bevorstehenden Reform des Aktiengesetzes beabsichtigt man in den
maßgebenden Kreisen Oesterreichs, den Abschluß der Reform des Aktien\-
wesens in Deutschland abzuwarten, um sich den dort aufzustellenden
prinzipiellen Gesichtspunkten möglichst zu nähern. Auch bei der Reform
des österreichischen Berggesetzes soll gleiche Rücksicht genommen werden.

---

[1] Einige Sätze der „Deutschen Zeitung" mögen hier erwähnt werden,
welcher die stete und entschiedene Opposition der deutschen Freihändler auffiel.
„Man sollte doch meinen", schrieb dieses Blatt Mitte Juni 1882, „die Be\-
seitigung der Zollschranken zwischen Oesterreich und Deutschland, die Erweiterung
des deutschen Zollgebietes auf das Gesammt-Territorium zwischen Hamburg und
Königsberg einerseits und Triest und Kronstadt oder wohl gar Salonichi und
Constantinopel andererseits, also die Errichtung eines Achtzig- oder Hundert\-
Millionen-Gebietes wäre ein Programm, welches gerade die Freihändler mit
ihren weltumspannenden Plänen entzücken müßte. Und doch äußern sie sich ganz
entschieden dagegen. In dieser Haltung dokumentirt sich eben mit voller Schärfe
jene absonderliche Anglomanie, von welcher das kontinentale Freihändlerthum
zu allen Zeiten erfüllt und geleitet war. Der anti-englische Zug, der dieses
Projekt durchweht, gefällt den Herrn nicht, ja schreckt sie geradezu ab. Die
Handelsfreiheit gegenüber Oesterreich und den Balkan-Staaten schlagen sie gering
an, wenn dabei die Schutzzölle gegen England fortbestehen oder gar erhöht würden.
Es fehlt ihnen, so national ihr politisches Denken und Fühlen ist, doch gänzlich
an der Würdigung des nationalen Wirthschaftsgedankens, weil sie eben gar keine
National-Oekonomen, sondern Kosmo-Oekonomen, Allerweltswirthschaftler sind."

Mit gespannter Aufmerksamkeit folgt man in Oesterreich dem Epoche machenden sozialpolitischen Vorgehen Deutschlands und ist geneigt, die Arbeiter- Kranken- und Unfallversicherung nach deutschem Vorbilde zu organisiren. Noch im Juni 1882 sprach die Wiener Stadtvertretung den Wunsch aus nach Erlaß eines dem deutschen analogen Nahrungsmittelverfälschungsgesetzes. Deutsche Briefe und Zeitungen werden schon jetzt — im Vorzug gegen Postsendungen des übrigen Auslandes — zu inländischen Sätzen befördert.

Auf Ungarn freilich erstreckt sich diese Annäherung vorderhand nicht. Andere Rechtszustände als in Deutschland walten in dem eigenartigen Transleithanien ob, welches auf Grundlage deutscher Kultur immer erfolgversprechender aufstrebt; aber die Zustände sind jenseits der Leitha auch andere als in der österreichischen Hälfte des Reiches, und man darf behaupten, daß die Kluft, welche der Gegensatz von Kultur- und Wirthschaftsinteresse zwischen Trans- und Cisleithanien geschaffen hat und die sich zusehends erweitert, eine ungleich größere ist als die Sonderung zwischen Cisleithanien und Deutschland. Wen diesseits der Leitha nicht das Herz nach Deutschland zieht, dem gebietet es der Verstand. An Deutschland hätte Cisleithanien einen gewichtigen Rückhalt gegenüber den wirthschaftlichen Emanzipationsbestrebungen der anderen Reichshälfte und könnte unter Umständen lediglich auf Grund einer wirthschaftlichen Entente mit dem Deutschen Reiche selbstbewußter und erfolgverheißender als bisher in die nächsten Ausgleichsverhandlungen mit den magyarischen Machthabern eintreten. In Deutschland nach einem Rückhalt zu suchen, hat Cisleithanien nur allzu begründete Ursache. Ein trübes Bild von Oesterreichs Volkswirthschaft entwarf noch im Juli 1882 die „Deutsche Zeitung", indem sie schrieb: „Schwere Steuerlasten ruhen auf unserer heimischen Produktion; hohe Finanzzölle schwächen die Aufnahmekraft des Konsumenten und müssen dadurch naturgemäß den Absatz und Verbrauch herabdrücken. Die östliche Reichshälfte führt zäh und konsequent einen Wirthschaftskrieg gegen unsere Interessen; die Magyaren suchen uns systematisch vom Orient abzuschneiden und durch Eisenbahnbauten und Verträge den Verkehr nach der Levante an sich zu reißen. Unsere natürliche Handelsstraße, die Donau, ist noch nicht gegen bulgaro-rumänische Zukunftsgelüste sichergestellt, und unsere Seewarte Triest wird auf der einen Seite von Fiume, auf der andern von Venedig in ihrer Entwicklung zurückgedrängt und verkümmert."

Es giebt in Oesterreich einflußreiche Kreise, welche der wirthschaftlichen Annäherung mit Deutschland widerstreben, weil sie daraus politische Konsequenzen befürchten. Mag man immerhin für die Entwicklung des europäischen Völkerlebens gewisse Endziele angedeutet zu sehen glauben und inmitten eines unaufhaltsamen, so zu sagen elementargewaltigen Prozesses jedwede Staatskunst auf die Dauer für ohnmächtig erachten, so wird doch dem modernen Realpolitiker nicht entgehen können, daß gerade eine wirthschaftliche Annäherung die bestehenden politischen Grenzen eher zu konserviren als zu verrücken im Stande ist. Sollte es in Deutschland wirklich so einfältige und beschränkte Gefühlspolitiker geben, welche an eine Aufsaugung der deutsch-österreichischen Länder denken, so würden solche Gedanken just durch eine wirthschaftliche Annäherung der beiden Reiche beseitigt werden, deren Bevölkerungen noch andere und tiefergehende, als bloße Stammesunterschiede aufzuweisen haben. Ganz abgesehen von der inneren Parteientwickelung würde ein so vergrößertes Deutschland in den Klerikalen Tirols, in der Arbeiterbevölkerung Nord-Böhmens, in dem mit dem Börsenthum verquickten Industrialismus Wien's, Brünn's ec. bedenkliche Elemente des Rückschrittes für seine aufsteigende Kulturentwickelung aufzunehmen haben. Eine staatsrechtliche Aufsaugung Deutsch-Oesterreichs auf wirthschaftlichem Wege liegt nicht im wahren Interesse Deutschlands. Daraus müßte überdies eine europäische Frage entstehen, was Schaeffle ebenfalls hervorgehoben hat, indem er ausführte: „Ohne die bindende Kraft der dynastischen Einheit der österreichisch-ungarischen Völkerschaften würden die im Habsburgischen Ländergebiete vereinigten Nationen auseinanderfallen, und die Masse der Trümmer würde nicht dem Bau der deutschen Macht, sondern dem Slavismus und Romanenthum sich einfügen. Der Magyarismus wäre kein Damm gegen die feindliche Völkerfluth, sondern bald ein unterhöhlter Felsen, dessen Fall Deutschland träfe."

Verlieren wir indeß über die Zukunft nicht die Gegenwart aus dem Auge. Da erscheint vorderhand das Problem des österreichisch-ungarischen Zollbündnisses fast noch schwieriger als die wirthschaftliche Entente des zwiegespaltenen Reiches mit Deutschland. Seit dem Ausgleich von 1867 ist Oesterreich-Ungarn ein Reich auf Kündigung. Alle zehn Jahre wird seine Existenz in Frage gestellt. Der Zoll- und Handelsvertrag Oesterreichs mit Ungarn vom 24. Dezember 1867 bestätigt zwar in seinem ersten Artikel die Einheitlichkeit des Zollgebietes der beiden Staaten und verpflichtet dieselben künftig über gewisse Angelegenheiten unter Verzichtleistung auf die Selbstständigkeit ihrer Gesetzgebung Verträge mit einander abzuschließen, angeblich um dadurch die allzu herben Konsequenzen des dualistischen Systems zu mildern oder, wie die Regierung damals im Reichsrath erklärte, „wenigstens

in den wichtigsten materiellen Beziehungen die Einheit des Reiches auf=
rechtzuerhalten", wobei man von der Voraussetzung ausging, daß hier=
über eine Einigung unter allen Umständen erzielt werden würde; man
berührte daher die Frage gar nicht, was zu geschehen hätte, wenn
zwei so gebundene, sonst aber selbstständige Staaten sich nicht zu einigen
vermöchten. Diese Eventualität ist längst in das Bereich der Möglich=
keit und selbst der Wahrscheinlichkeit gerückt, seit Ungarn mit rück=
sichtsloser Energie seine Sonderinteressen verfolgt und mehr oder
minder offen auf eine immer weiter gehende Trennung von Oesterreich
hinstrebt, so daß in Cisleithanien eine analoge Stimmung entstanden
ist, welche ihrerseits die Herstellung eines selbstständigen Zollgebietes
fordert, falls ein billiger Ausgleich nicht zu ermöglichen ist. In die
Zukunft dieses auseinander strebenden eigenartigen Zoll= und Handels=
bündnisses hat unmittelbar vor Aufnahme der offiziellen Tarifbe=
rathungen ein regierungsfreundliches Wiener Blatt, die alte „Presse"
vom 9. Oktober 1881 einen Einblick gewährt, welcher unerfreuliche
Differenzen verheißt. Nachdem das als offiziös geltende Organ festge=
stellt hatte, daß es in Ungarn zwei Parteien giebt, die eine für die
Aufrechterhaltung des Bündnisses mit dem Vorbehalt, daß Ungarn sich
dasselbe bei jeder Gelegenheit möglichst theuer müsse bezahlen lassen,
die zweite, noch immer stark anwachsend, welche aus politischen Gründen
die Zusammengehörigkeit der beiden Reichshälften bekämpft, führte es
aus: „Die Opfer, welche Oesterreich durch den Getreidezoll zugemuthet
werden und mit denen die wirthschaftliche Kraft Ungarns gestärkt
werden soll, können leicht bis zur nächsten Ausgleichskampagne das
Selbstbewußtsein der ungarischen Parteien so sehr gehoben haben, daß
für die Aufrechterhaltung des Zoll= und Handelsbündnisses ein unmög=
licher Preis gefordert wird, oder daß die Forderung einer selbstän=
digen ungarischen Zollgrenze eine Majorität im Reichstage findet. Die
Getreidezölle sind der letzte Preis, den wir für die Aufrechthaltung
des Zoll= und Handelsbündnisses zu bieten haben, und deshalb meinen
wir, soll er geboten werden nur gegen den entsprechenden Gegenwerth.
Diesen Gegenwerth erblicken wir in dem garantirten Bestande des
Bündnisses und nicht in der prekären Wirkung von Industriezöllen.
Bedarf Ungarn der Getreidezölle zu seiner wirthschaftlichen Kräftigung,
dann muß Ungarn — nicht etwa durch das Versprechen seiner Minister,
sondern vertragsmäßig — das Zollbündniß außer Frage stellen. Für
jene wenigen Jahre allein, die uns noch von der nächsten Ausgleichs=
verhandlung trennen, dünkt uns der geforderte Preis zu hoch. Für
diese Zeit hat Oesterreich bereits das Bündniß gesichert und bedarf

keiner weiteren Gewähr. Für die Zukunft aber schützt nichts den Staat vor der Möglichkeit, daß auswärtige Komplikationen eine Zwangslage schaffen, welche die Austragung wirthschaftlicher Differenzen ebenso erschweren wird, wie das in den Jahren 1877 bis 1879 der Fall war. Darum geht unser Vorschlag dahin, Ungarn die Getreidezölle unter gleichzeitiger Votirung der Schutzzölle für die österreichische Manufaktur zu bewilligen, aber nur, wenn das Zoll- und Handelsbündniß mindestens für ein weiteres Dezennium sichergestellt wird."

Bis zum Jahre 1887 hat man sich in Oesterreich-Ungarn über die Erneuerung des gegenseitigen Zoll- und Handelsbündnisses zu entscheiden, bis dahin wird man diesseits und jenseits der Leitha über die Gemeinsamkeit der Interessen hoffentlich versöhnlichere und verständigere Anschauungen gewonnen haben. Ist zwar durch die Bekehrung Ungarns zum Schutzzoll der prinzipielle Gegensatz in der Handelspolitik der beiden Reichshälften geschwunden, so ruft doch das rücksichtslose und zielbewußte Vorgehen der Magyaren gegen einige gemeinsame Verkehrsanstalten, gegen Wien für Budapest, gegen Triest für Fiume 2c. in Cisleithanien neuerdings wieder größere Erbitterung hervor.

In die Geschichte des wirthschaftlichen Dualismus von Oesterreich-Ungarn hat Dr. Alexander Matlekowits, Sektionsrath im ungarischen Handelsministerium und s. Z. Bevollmächtigter desselben in Berlin, mit seinem ausgezeichneten, inhaltreichen Werk „Die Zollpolitik der österreichisch-ungarischen Monarchie von 1850 bis zur Gegenwart" (Budapest 1877) trefflich eingeführt. Inzwischen hätte über die Weiterentwickelung des wirthschaftlichen Verhältnisses der beiden Reichshälften, welche nachgerade so interessant wird, wie es seltene Vivisektionen sind, wieder ein stattlicher Band geschrieben werden können. Neuerdings ist in Wien wie in Budapest die Schaffung eines gemeinsamen Zollparlaments angeregt und erörtert worden, wie es von 1866 bis 1870 in Deutschland bestanden. Mit Hinweis auf den bisherigen Gang der Verhandlungen, wobei beide Regierungen ohne genügende Vernehmung der Interessenten Vereinbarungen treffen und ihren Legislativen daraufhin gebundene Marschrouten auferlegen, welche Art der Erledigung die wirthschaftliche Stellung der Monarchie britten Staaten gegenüber schwächt, sprach während der letzten Berathungen schon der Abg. Steinacker im ungarischen Unterhause den Wunsch nach direkter Berührung beider Theile der Volksvertreter, nach der Schaffung eines gemeinsamen Organs zur Erledigung wirthschaftlicher Fragen aus und sprach dabei zum ersten Male von einem Zollparlament mit der Aufgabe, die Einheit des Zollgebietes der Gesammtmonarchie aufrechtzuerhalten. Wie aber dann, wenn ein großer Theil oder gar die Mehrheit des geplanten gemeinsamen Zollparlaments gerade diese Aufgabe nicht als die seinige anerkennen, sondern im Gegentheil die Trennung des Zollgebietes anstreben würde, was immer weniger außer dem Bereiche der Möglichkeit zu liegen scheint? Innerhalb des zollgeschützten gemeinsamen Handelsgebietes sich eine eigene Industrie zu schaffen, zunächst durch Anlage von Zuckerfabriken, Spiritusbrennereien, Woll-, Eisen- und Lederwaarenfabriken, wo die Erzeugnisse von Ungarns und allenfalls auch der Donauländer Landwirthschaft und Bergbau vortheilhaft verarbeitet werden, ist ausgesprochenermaßen das nächste Ziel der gegenwärtig maßgebenden Regierungskreise in Budapest.

Wie immer indeß dieser beklagenswerthe Kampf zwischen zwei Reichshälften verlaufen möge — Deutschlands Stellungsnahme dazu scheint genau vorgezeichnet. Freundlich fördere es Alles, was eine wirthschaftliche Entente begünstigen könnte. Mannigfache Interessen hat es jenseits der schwarzgelben Grenzpfähle zu wahren, wächst gleich die Schwierigkeit seiner Aufgabe mit den höheren Zwecken. Erst kurze Zeit steht der neue Tarif Oesterreich-Ungarns in Kraft, zu kurz um in Deutschland bereits empfunden zu werden. Bald werden sich berechtigte Klagen dagegen erheben. Dem deutschen Durchfuhrhandel, welcher durch den deutschen Tarif von 1879, wie man in Oesterreich mehrfach bemerkt zu haben glaubt, beeinträchtigt worden, wird die deutsche Industrie sich anschließen, insoweit sie — namentlich die Eisen- und Textilindustrie — nach Oesterreich-Ungarn exportirt, und eine neue eigenartige Bewegung der wirthschaftlichen Interessen in Deutschland, Oesterreich und Ungarn zugleich dürfte entstehen und zu wirthschaftspolitischen Neugestaltungen treiben, welche sich nicht übersehen lassen.

Rußland und Oesterreich-Ungarn mit hoch schutzzöllnerischen Tarifen behufs Förderung nationaler Volkswirthschaft im Osten, Frankreich und England mit freihändlerischen Tarifen behufs Förderung internationaler Volkswirthschaft im Westen — hält das deutsche Reich nunmehr seiner geographischen wie wirthschaftlichen Situation in Europa gemäß die goldene Mitte ein.

Printed by Libri Plureos GmbH
in Hamburg, Germany